仕事を減らす

頭のいい人が無意識に使う3つの思考法

Make small innovations
reduce working hours
and enrich your life.

田中猪夫

サンマーク出版

メール返していろいろやってたら、
もう昼。まだ今日の予定は
まったく手つかず……

今月のノルマきついなぁ。
早く帰って映画観たい

景気もよくないし、
いまの成績じゃ給料下がりそう。
あと１時間頑張るか

有休はちゃんと取ること

会議、長っ。
これじゃ、また
持ち帰りして
書類作成しないと

リモートで効率落ちた人は
出社して

自分で
目標つくれって
言っておいて、
結局会社の目標に
合わせるなら
つくる意味ないよ

まぁ、俺が
仕事できないから
時間がかかるんだろう

アポ入れだけで
半日かかっちゃった

なんだかんだ、
土日もデータチェック
するんだよな

「この資料、明日まで」って、
まともにやったら
日づけ変わるぜ

家族を旅行に
連れていって
あげたいけど、
この業績じゃ休めない…

目標を達成したら
ボーナス増えるから

ヒット商品つくってね～

いまだに電卓叩く業務が
あるんだよな。
まぁ、やるしかないか

もう1件回らないと
今日の売上目標に届かない

例の件、どうなってる?

腹減ったなぁ。
もう22時か

もう何年も、
まともに趣味の時間が
取れてない

上司が帰って
くれないから
帰りにくい

これから10個も
アイデアなんて
出せないよ

部下の相談に乗ってたら
半日かかっちゃった。
いまから取り返さないと

子どもを保育園に迎えに行って、
家事を全部終わらせてから、
できるかなぁ

なんでサクサク
仕事を
こなせないんだろ

あぁ、
また飲み会行けない。
どんどん「つき合い悪い人」に
なってるよ、私

経費精算、
また溜めちゃった。
いつのぶんまで
落ちるんだっけ

ここから這い上がって
くれることを期待している

なんか、どんどん仕事だけ増えてるんですけど

先月辞めたヤツの仕事が、
そのままのってくるんですか？

もう目が
しょぼしょぼして
モニター
見られない

金利も上がったし、
これ以上年俸
下がったらローンが…

これ思いついたけど、
いつやればいいんだろ

クレーム処理で3時間。
今日中に
終わらないの確定！

依頼が遅いくせに
納期、納期って
どういうことですか

結婚とか、
できるのかな？

マジであのおっさん、
使えねぇ。
人並みでいいから仕事しろ。
また尻拭いかよ…

なんで金曜に
戻してくんだよ。
これ、土日に
やれってことだろ

あの人みたいに
頭の基本性能が
高かったらなぁ

日報書くのは業務じゃない。
業務じゃない。業務じゃ…

こんなにやってるのに、
さらにマネジメントを
しろって……

親も病気がちだし、
いまの会社でなんとか
成績上位になって
稼がないと

今週ずっと
体調が悪いけど、
休んだら取り返せない

……あれ？
なんのために生きてるんだっけ……

1日の仕事が
1時間で終わる

これを実現できたら、人生にどんな変化が起きるだろう。

「時間がないから」とあきらめていた、やりたかったことへの一歩を踏み出せる。あれができたら楽しくなる、仕事を効率化できるなど、アイデアはあるが日々の業務に忙殺されて手をつけられなかったことにも、挑戦できる。

残業したり休日まで仕事を持ち越したりしていたとしたら、もしかしたら手持ち無沙汰になるかもしれない。

それだけではない。

家計の足しにするために投資を学ぶことだって、転職に有利な資格を取得するための学習時間だってできる。副業可能な勤務先なら、社員1名の会社を設立して小さなビジネスを始めるのもいい。もちろん家族と過ごし会話する時間も増やせるだろうし、興味のあるNPOなどで社会貢献もできる。

先人の思考が凝縮された本を読み、人生を豊かにするのもいい。
新しい出会いを広げることだって可能だ。
また10年、20年、30年後に訪れる定年に向けて仕事を見出すこともできる。
もちろん、特に何もやりたいことがない日は適当に過ごしてもいい。

仕事が早く終われば、心にゆとりができる。これは非常に重要だ。

たとえば睡眠、食事、家事、通勤などに12時間費やすとしたら、平日に残されているのは1日12時間しかない。会社勤めなら、そのうちの7〜10時間を仕事に充てているという人も多いだろう。もし1日1時間で仕事が終わり一定の成果を出せるなら、たいていの悩みは自然に解決するはずだ。

仕事を減らして得られるのは、これらのことだけではない。本書を読み進めるうちに明らかになるが、努力せずとも自然によりよいものを生み出す力が身につく。この**創造性というスキルは生成AIに代替されることはない。さらに、使えば使うほど能力が開花していくため、アウトプット全般の質が格段に上がる。**それを使って仕事の生産性を高め労働時間を減らすのも、新たな能力を身につけ市場価値を高めるのも、自由だ。このスキルは、誰からも奪われることのない一生の財産となるだろう。

しゃにむに売上200%をめざす長期的意味とは?

私は1日の仕事が1時間で終わってしまう。

もちろん個人事業主や投資家ではない。世界90か国1000か所以上の地域で事業を展開するグローバルリスクマネジメント企業での話だ。アメリカの経済誌『フォーブス』による「世界最高の雇用主100社(Microsoft, IBM, Alphabet, Apple, Samsungなどが選ばれている)」のうち85社がクライアントで、さらに250以上の各国政府および政府間組織も含まれる。日本では住友商事、ANA、オムロンなどの各業種で日本を代表するグローバル企業が軒並み利用している。

こうしたグローバル組織に所属し、国外で働く人物に対し医療、セキュリティなど、リスクマネジメントの分野で幅広いサービスを提供するのがメイン業務だ。

私はこの会社の営業部に配属され、同僚が週に5日、1日に10時間前後は働いて出す以上の成果を、その10分の1程度の時間で上げていた。

この話をすると、まずは「それは本当か」と疑われ、そしてうらやましがられる。次に「どうしたらできるのか」と質問してくる人もいれば、「空いた時間で売上目標200％達成をめざすべき」と言ってくる人もいた。

みなさんは、どう考えるだろう。

多くの経営者は、社員が勤務時間にフル稼働して売上目標200％をめざしてくれることを好む。彼らの最優先課題は売上や利益を上げることだからだ。そのためには与えられた仕事に、わき目もふらず取り組む「働きアリ」が一定以上いてくれたほうが、都合がいい。計画的に売上や利益を積み重ねてくれる人材が多いほど、目標を達成しやすくなるからだ。

しかしおもしろいことに「働きアリ」を観察すると7割ほどが「何もしていない」ことが、生物学の研究で明らかになっている。さらに巣のなかのアリを1匹ずつ識別して継続的に観察すると、まったく「働かないアリ」も存在したという。

じつは盛大にサボっていた働きアリ

この「働かないアリ」は、自分の体をなめたり巣のまわりをぶらぶらしたりするそうだ。ほかのアリの部屋を見に行ったり、たまに女王アリのひげを触ったりする個体もいたらしい。エサ集め、幼虫や女王アリの世話、あるいは巣の修繕などの労働をほぼ行わないとか。では、こうした「働かないアリ」は単なる怠け者なのだろうか。

社会をつくるすべての生物は、個々の性質が集団に影響し合理的に進化していく。38億年にわたる生物の歴史で、地球の環境はずっと同じというわけではなかった。雪や台風、噴火や地震、寒冷期や温暖期などといった、予測不可能な環境の変化にさらされながら生き延びたすべての生物は、意味のある進化を遂げてきた。

つまり1つの集団（コロニー）に「働かないアリ」がいることも、意味のある進化の結果なのだ。

仕事をよくこなす個体だけで成り立つ集団は、決まりきった仕事だけをこなすには効率がいい。しかし刻々と変化する環境で組織を動かすには、あらゆる状況に対応可能な「余力（リダンダンシー）」が必要になる。

アリのコロニーでは、効率的に仕事をしない個体を多数抱え込むという非効率なシステムを、進化の過程で採用した。これは予想外の環境変化が起きたら即座に対応できる「働いていないアリ」の存在に必然性が生まれたからだろう。

同じ生物の社会という意味でアリのコロニーをベースに考えると、1日フルに働く社員ばかりでは、環境への適応能力を失うことになる。**仕事における環境への適応能力とは、小さな変化に気づき、やがて訪れる大きな変化に適応すること。この最も大切な動きが、できなくなってしまうのだ。**

つまり、1日の仕事が1時間で終わるということは、自分自身の人生にだけでなく所属先の危機対応にもプラスの効果をもたらせる。

世界的な経営学者フィリップ・コトラー博士が〝日本で最高のマーケター〟と称賛

図1 働かないアリがいると変化に強い

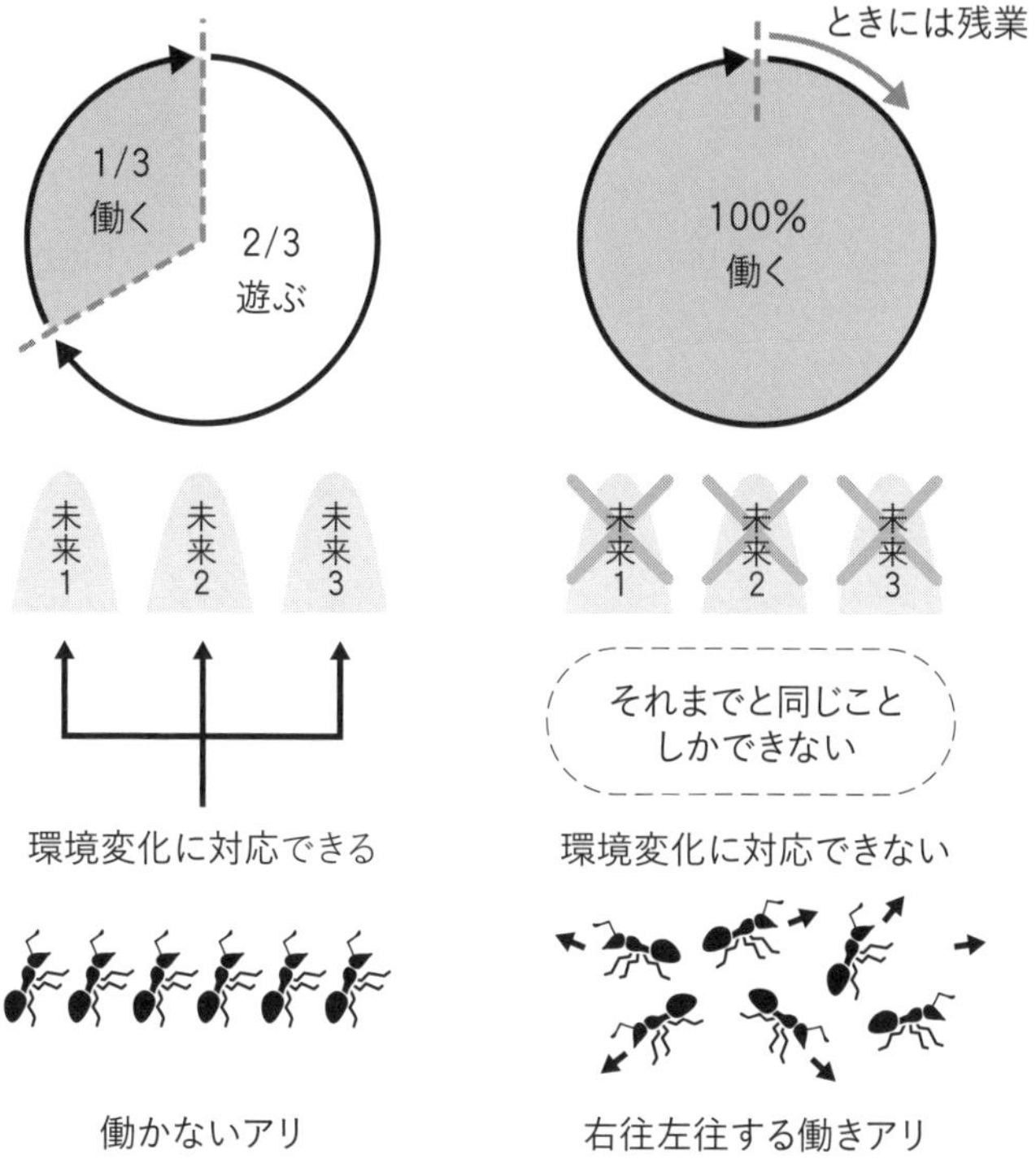

する高岡浩三氏（元ネスレ日本ＣＥＯ）は「考える時間はイノベーションを生み出すためのすべて」とまで言いきっている。

ネスレ日本全社員の労働時間を1週間調査した結果、考えることに費やしたのは全労働時間のうちの6〜7％しかなかったという。つまり**革新的なものを生み出すことが比較的得意とされるネスレ日本の社員ですら、労働時間の93〜94％は何も考えることなく「いつもの仕事をこなしている」**ということになる。

では、どうすれば1日の仕事を1時間で終わらせられるのだろう。一般に「仕事を減らす」には次の方法があると言われている。

①優先順位をつける
②権限を譲る（デリゲーション）
③習慣の見直し
④自動化や効率化

⑤断る勇気をもつ
⑥休息とリラックス
⑦仕事の放棄（サボタージュ）

私が実践した「仕事を減らす」方法は、どれでもない。もっとシンプルかつスムーズに、努力することなく実践できる、いわば「小さなイノベーション」だ。

努力せず、ラクな方法で仕事を減らしたい。

これは誰もが一度は考えたことがあると思う。「小さなイノベーション」は、そんな考えにぴったりだ。特に私のようなものぐさは、これなしでは仕事にならない。

「小さなイノベーション」の、小さな成功例を1つ挙げよう。

玄関から部屋に上がるときに、靴を脱ぎ散らかす子どもがいた。「靴を脱いだら揃えなさい！」と、何度注意しても聞く耳なし。母親はイライラが募るばかりだった。

靴を脱ぎ散らかす子どもが一変した「小さなイノベーション」

あるときチョークで玄関の床に、子どもの靴にぴったりの足型を描いた。すると子どもは自然と靴を、そこに揃えるようになった。子どもは〝自分だけの場所〟が玄関にできてうれしかったのかもしれない。あるいは〝足型に靴をはめるという遊び〟が楽しかったのかもしれない。ともあれ、できないことを指摘され怒られてばかりだった子どもは、一転して褒められるようになった。

また、母親にとっても「注意する」ことで疲弊し苛立つのではなく、子どもが靴を揃えることを気分よく「褒める」だけでよくなったのである。

「チョークで描いた足型」がなければ、子どもはずっと注意されてばかりだったかもしれない。この「小さなイノベーション」のおかげで、逆に褒められるようになったのだ。靴を揃える習慣がつけば足型は必要なくなるだろうし、チョークで描いた線は自然に消える。

毎日靴を揃えたかを確認しに行き、揃っていなかったら、それを直す。昨日までとまったく同じことを我が子に言い続ける。ついつい成長のない子どもに嘆いてしまう。これでは結果として、指導力のない自分を呪うといった心のダメージを負いかねない。そんな日々が、一度チョークで足型を描いて「ひと言褒める」だけという快適な日々に変わったのである。

これが「小さなイノベーション」の威力だ。

別の例を紹介しよう。

運動習慣のない人は、関節の可動域が狭まって筋肉が衰えてしまう。しかし生活に「不便さ」を取り入れれば可動域は自然に広がる。たとえば歯ブラシと歯磨き粉を、別々の戸棚の高いところに置く。食器も体をしっかり伸ばさないと取れないところに置く。このように日常生活をほんの少し不便にすると、必然的に筋肉をストレッチさせられる。

単なるこじつけと思う人もいるかもしれないが、これは実際に行われて明確な効果を発揮した。この日常を不便にするという「小さなイノベーション」が、アポロ11号の3人の宇宙飛行士を救ったのだ。

重力の低下した空間ではウエイトが意味をなさないため、筋トレなどがしにくい。この「小さなイノベーション」を取り入れたことで、狭い宇宙船の空間でも宇宙飛行士の筋肉は自然にストレッチが繰り返され、無重力下における筋力低下を抑えて月面歩行が可能になった。このしくみを考えたのはローレンス・モアハウスというスポーツ医学の専門家だ。

頭の使い方を少し変えるだけで、世界が変わる

このように最小限の労力で事態を好転させるしくみづくりは、いろいろなことに応用が利く。しかもお金はかからない。

チョークで描いた足型もそうだが、宇宙飛行士の日常を不便にするなどという飛んだ発想は、そんなに簡単に出るわけがないと思った人もいるだろう。

じつは、こうした「小さなイノベーション」を生み出すための、体系立った考え方がある。私が1時間で1日の仕事が終わるようになったのは、その一部を使ったからだ。網羅的に全体を理解するには時間がかかるが、エッセンスだけなら努力することなくすばやく身につけられる。

本書では「仕事を減らす」というテーマに絞り込んで、「小さなイノベーション」を生み出す体系のエッセンスをシンプルにまとめた。これを使ううちに、眠っていた創造性が開花し磨かれていく。そうすれば、いずれあなたの人生を豊かにし、会社に革新的なアイデアをもたらす。新しい収益の柱となる新規事業を立ち上げることも、社会に変革をもたらすことだって可能だろう。

こうした小さな試みから体験的に獲得した創造性は、得難い財産となる。

本書では、なるべく具体的な仕事で「小さなイノベーション」を生み出し、その質を高める方策の一つとして生成ＡＩの利用も例示した。**生成ＡＩと創造性がどう結びつくかを把握できれば、生成ＡＩの進化が、あなたの進化に直結することになる。**つまり努力せず「仕事を減らす」ことができ、なおかつ、あなたの能力が生成ＡＩの進化によって拡張され続ける未来が待っているということだ。

誰もが世紀の天才たちと同じ領域に踏み込める

「小さなイノベーション」を生み出すエッセンスは、創造性を磨き上げる方法でもある。それを無意識に実践しているのが、いわゆる天才と呼ばれる人々だ。

たとえばレオナルド・ダ・ヴィンチは、画家であり、科学者であり、解剖学者であり、さらに工学者でもあるなど多才だ。現代ではイーロン・マスクがPayPal、X（Twitter）、SpaceX、Teslaなど、さまざまな業種でビジネスを成功させてきた。

彼らはなぜ、まったく異なる仕事で縦横無尽に成果を上げたのだろう。

それは、どんな仕事にも役立つ創造性というスキルがあるからだ。

ダ・ヴィンチとイーロン・マスクを同列に並べることに違和感を覚える人もいるだろう。しかし創造性を駆使するという意味で、その価値に変わりはない。

ダ・ヴィンチの考えたヘリコプター（Air Screw）も、Tesla のバッテリーマネジメントシステム（BMS）も、これから紹介する「仕事を減らす」ための「小さなイノベーション」も、同じ創造性から生まれたものだ。

創造性とは、人類への貢献や画期的な技術革新だけに与えられた言葉ではない。世の中を、地域を、社会を、サービスを、自らの人生を少しでもよくしようとする人たちすべてに与えられる言葉なのだ。ダ・ヴィンチとイーロン・マスク、そしてあなたは、取り組むテーマが違うだけで、創造性を磨いて使いこなすという意味では同じなのである。

Contents

序章 仕事を減らす「小さなイノベーション」とは

第1章

仕事を劇的に減らす3つの思考ステップ

第2章

伝え方に小さなイノベーションをもたらし「仕事を減らす」

第3章 「仕事を減らす」決意を揺るぎないものにする

第4章 会社を巻き込みダイナミックに「仕事を減らす」

3つのステップで営業業務の構造改革をする　152

第5章 仕事を減らし、できた時間で「人生を拡張する」

装丁　小口翔平＋阿部早紀子(tobufune)
本文デザイン　荒井雅美(トモエキコウ)
DTP　髙本和希(有限会社天龍社)
校正　株式会社ぷれす
編集　小元慎吾(サンマーク出版)

第1章

仕事を劇的に減らす3つの思考ステップ

目の前の仕事に忙殺されているときこそ、やるべきこととは？

玄関にチョークで足型を描く、宇宙飛行士の生活を不便にする。これらが、どのようにして生み出されたのか、その過程をひも解いてみよう。

何かを離れた位置や時間軸から俯瞰的に見ることで、それまで気づかなかった大切なことを知った経験はないだろうか。よく聞く「親になって初めて親の気持ちがわかる」は、幼少期の自分と親を俯瞰できるほど成長したからこそ可能な話だ。

子どもを授かり、我が子を心配する経験を繰り返すうちに「あのとき親は、こう考えてくれていたのか」と深く納得するようになる。しかし子どものころは自分の気持ちにばかりフォーカスしがちで、親の視点で考えることは難しい。
視点の変化は「３人のレンガ職人」という寓話がわかりやすい。

レンガを積んでいる人に「あなたは何をしているんですか？」とたずねた。
1人目は「見ればわかるだろ、レンガを積んでいる」と答えた。
2人目は「レンガを積んで壁をつくっている」と答えた。
3人目は「レンガを積んで後世に残る大聖堂を建造しているんだ」と答えた。

目の前のレンガを毎日のように積んでいると、１人目のレンガ職人のように「レンガを積むのが仕事」と考えがちだ。しかし、このレンガ職人も少し離れて仕事場を見ると、壁をつくっていることに気づくだろう。さらに数十メートル視点を引くと、大勢のレンガ職人が大聖堂を造っている姿が見えるようになる。

このように「引いて考える」と、レンガ職人の使命は大聖堂を造ることだと気づく。**何らかの対象から意識的に離れて物事をとらえ、その使命を明らかにすることを本書では「引いて考える」と呼ぶ。**

頭のいい人の思考習慣①

「引いて考える」

序章でご紹介した2つの小さなイノベーションは「引いて考える」という手法で導き出せる。チョークで足型を描くという小さなイノベーションは、子どもと母親を少し離れた位置から「引いて考える」ことで生み出された。

靴を脱ぎ散らかす子どもは、その行為を悪いこととは思っていない。しかし母親は、靴を揃えるのはいいことで脱ぎ散らかすのは悪いこと、と考えている。母親は道徳的に正しい。だが「だから子どもが従うべき」という論理は成り立たない。なぜなら、その子どもは靴を揃えるという道徳を理解していないからだ。おそらく母親は幾度となく、道徳を正面から説いてきただろう。

母親目線でとにかく従わせたいなら、さらに「叱る」「怒る」などの罰を与える方法もあるし「褒める」などの承認欲求を満たす方法もある。

では母親だけでなく、子どもも視界に入るくらい離れた位置から「引いて考える」と、どうなるだろうか。

まず、子どもは新しいことや楽しいことに目がないから、靴のことなどお構いなしだったと気づく。そして玄関に目を向けると、子どもが靴を置く定位置がない。だとしたら、靴を揃えることを〝楽しい遊び〟にするのはどうか。

玄関に子どもの足型を描いておけば、そこに靴をぴったりはめる遊びと思うかもしれない。親は何も言わず、子どもが自分で足型に気づけば好奇心は湧き立つだろう。

これを試してみたら、幸いなことに子どもは自然に靴を足型に置くようになった。あとは褒めることを繰り返せば、道徳的な習慣を身につけさせられる。

圧倒的に仕事を減らせる「小さなイノベーション」

逆に「引いて考える」ことをしなかったら、どうなるだろう。

この母親の視点で考えると、靴を揃えたら子どもにお菓子をあげる、あるいは別の子どもと比べ叱咤するなどの方法がある。それで結果的に、靴を揃えるという行動は身につくかもしれない。しかし足型を描くほうが、はるかにスムーズだし気分もいい。しかもチョークで描けば自然に消える。残るのは、よい習慣だけだ。

▼子どもが靴を脱ぎ散らかさなくなり削減できた時間と労力

before

靴が揃っていないと毎回叱り続ける。毎日1分とすると年間約360分
▼
360分＋日々のストレス

after

褒める。最初の1週間ほど1分褒めればいいと考えると年間10分程度
▼
10分

←

削減できた時間と労力　350分＋日々のストレス

宇宙船に滞在する宇宙飛行士の場合さらに引いて、地球上にいる私たちの視点から考えてみよう。1日寝たきりになると筋肉が1％落ちるという実験結果もあるように、重力が低下した狭い空間に何日間も閉じ込められたら筋肉は退化する。

であればエクササイズができる場をつくればいい。しかし、ごく狭い船内では難し

い。ならば日常生活をエクササイズにするほかない、という発想になる。

ちなみにアポロ11号では、任務遂行の確度を高めるために別の小さなイノベーションも考案された。宇宙船の狭い空間で3人が喧嘩になったら、任務の遂行に影響することは間違いない。そこで考えられたのが、管制室から宇宙飛行士全員にしょっちゅう指示連絡を入れることだった。

宇宙飛行士たちは「この忙しいのに、なぜこんなことやらせるんだ」「ここにきてやってみろよ」と悪態をつき、共通の敵は管制室となってチームワークが高まった。

「しくみ化」すれば時間と労力が大きく削減される

逆に「引いて考える」ことをしなかったら、どうなるか。宇宙飛行士の視点で考えると、狭さゆえ同じ姿勢ばかり取るようになり、筋肉は萎縮してしまう。地球上での訓練でもよく動くよう言われていたが、すべての筋肉を意識的に動かすのは難しい。

▼宇宙飛行士が宇宙船内で削減できた時間と労力

before

忙しく道具もないなか毎日30分筋トレをする(滞在期間8日)
▼**4時間**
船内で喧嘩が4日に1回1時間あったとしたら(滞在期間8日)
▼**2時間 + ストレス**

after

生活動作を不便にする
▼**0分(生活動作と同時なので)**
管制室を共通の敵に
▼**0分(しかも団結しミッションの成功確率が上がる)**

←

削減できた時間と労力　6時間 + ストレス

このように「仕事を減らす」小さなイノベーションを起こすには、まず「引いて考える」というフェーズが必要だ。**「引いて考える」目的は、困りごとの裏に隠された使命が何かを明確にすること**である。〝子どもに道徳的な習慣を身につけさせる〟のが使命と見極めたら、次にそれを達成する手段を考える。〝宇宙飛行士を月面で歩行させる〟のが使命なら、次にそれを達成する手段を考える。

当事者として目の前の問題を考えるのではなく、物理的に遠くに「引いて考える」と、レンガ職人の例のように使命が明らかになりやすい。

使命がわからずにいたら、闇夜に鉄砲だ。小さなイノベーションが生まれる可能性はかぎりなく低くなるし、無駄な仕事も多くなる。

マクドナルドは猛烈に儲かっている不動産業？

「引いて考える」と使命が明らかになることは多い。ここでは有名なマクドナルドの例とともにご紹介しよう。

マクドナルドを利用する人の多くは、マクドナルドを〝ハンバーガーを売る会社〟と考えがちだ。しかし経営の視点まで「引いて考える」と不動産業となる。

マクドナルドの直営店とフランチャイジーの比率は全世界では1対9、日本では3対7とフランチャイジーが圧倒的に多い。これは大多数の店舗で、マクドナルドの本部が出店予定地と建物と設備を取得して賃料契約をするということだ。

賃料は売上に連動するため、店舗経営がうまくいけば不動産コストよりかなり高い収入が見込める。この契約を増やすことで、マクドナルドは莫大な利益を生み出しているのだ。

マクドナルドの企業経営を「引いて考える」と、経営の使命をもとに全体がデザインされていることがわかる。マクドナルドの場合、存在意義（Our Purpose）は「おいしさと笑顔を、地域の皆さまに」、使命（Our Mission）は「おいしさとFeel-good

なモーメントを、いつでもどこでもすべての人に。」とある。

そこから、世界中のあらゆる地域の人を笑顔にするためのハンバーガービジネスと、世界中のあらゆる地域の人が利用しやすい場所で店舗用不動産を取得して事業の継続性を担保するという、表裏一体の強力な経営システムを生み出した。

使命が明らかになれば考えるべきことがおのずと絞られ、経営システムに小さなイノベーションが生まれて経営は改善されていく。逆に使命を明確にした企業が小さなイノベーションを生み出せていないとしたら、使命を明らかにした人間が考えることを放棄しているか、考える能力に欠けるか、だろう。そういう企業は多々ある。あなたが「引いて考える」を身につければ、活躍の場は無数にあると思っていい。

「仕事を減らす」の第1ステップは「引いて考える」だ。

①引いて考える

②使命を明らかにする
③使命を達成する手段（小さなイノベーション）を探す

この流れで「仕事を減らす」しくみを生み出す。慣れてくると、いきなり使命を達成する方法がパッと頭に浮かんでくることもあるだろう。いわゆる、ひらめくというやつだ。しかし特に最初のうちは、この順に考えることをおすすめしたい。何度か繰り返すと、誰もが格段に小さなイノベーションを生み出しやすい状態になるからだ。

ひらめきを待っていたら時間だけが過ぎていく

私自身もそうだが、引いて考えても、すぐに使命が明らかにならないことはある。そんなときは考えるのをいったんやめ、別のことをするのも一つの方法だ。

第1ステップの「引いて考える」で使命が明らかにならないかぎり、実りある小さなイノベーションは生じにくい。ここに時間をかける価値は充分にある。

もちろんアインシュタインやスティーブ・ジョブズなどの天才と呼ばれる人々は、いきなり凄いイノベーションを生み出すこともあるだろう。だが、いつひらめくかは誰にもわからない。「引いて考える」から思考を積み重ねたほうが、より確実だ。

まず「引いて考える」。

ここで使命が明らかになると小さなイノベーションに近づける。

視点を変えるだけで天才の思考に近づける

「引いて考える」の具体的なやり方を以下に整理した。会議などで行き詰まった状況を打破するときなどにも使えるので、ご活用いただきたい。

①視点を「引いて考える」

「チョークの足型」「3人のレンガ職人」の例で示したように、物理的に視点を離していくと全体を俯瞰できるようになる。写真を撮るときにカメラの位置を引くと映り込むものが増えるが、そこに見落としていた重要なことがあるケースは多い。

②時間軸を「引いて考える」

前述したように、親になって初めて親の気持ちがわかるようになるなど、時間軸を現在から未来や過去にずらすと、それまでにない視点で考えられる。

③比較し「引いて考える」

感情や思惑などの要素が複雑に絡み合う人間社会のことを、そのまま考えると本質が見えにくい。序章の「働きアリ」の例で示したように、シンプルな自然の生き物の社会などと比較すると、見出したい構造などに気づきやすくなる。

まとめ

「引いて考える」ことで達成すべきゴールが見える

頭のいい人の思考習慣②

「組み合わせ」

使命が明らかになると、小さなイノベーションは格段に生まれやすくなる。

では、どんなときに小さなイノベーションが生まれるのだろうか。パッといとも簡単に出ることもあれば、毎日考え続けて、ある日突然生まれることもある。これは、なぜだろう。

まず小さなイノベーションは、多種多様な知識の蓄積があるほうが生まれやすい。なぜなら頭のなかで知識を、これまでとは違うかたちで「組み合わせ」る（点と点をつなげる）ことができるからだ。

たとえばモアハウスはスポーツ医学の専門家なので当然、筋肉の知識は豊富にある。しかし宇宙船内の設計はモアハウスの専門ではない。「狭い宇宙船のなかの設計」という知識を獲得することで、筋肉の知識と宇宙船内の配置という知識の「組み合わせ」につながり、宇宙飛行士の日常を不便にするという発想が生まれた。

オーストリアの経済学者であるヨーゼフ・シュンペーターは、それまで試していない組み合わせを「新結合」（New Combination）と呼んだ。またフランスの数学者、物理学者であるアンリ・ポアンカレは「創造的、独創的なものは、2つの知性の結合によって生まれるものだ」とした。

『イノベーションのジレンマ』の著者クレイトン・クリステンセンは「イノベーションは一見、関係のなさそうな事柄を結びつける思考」と位置づけ、知的発想法のロングセラー『アイデアのつくり方』の著者ジェームス・W・ヤングは「アイデアとは既存の要素の新しい組み合わせ以外の何ものでもない」とした。

線の引き方だけで駐車場での事故は減らせる

偉大な先人たちが示したように、**既存の知識を「組み合わせ」ることで小さなイノベーションは生まれる。**モアハウスに筋肉の知識しかなかったら、あの考えは生まれなかっただろう。彼が専門とする「筋肉の知識」と、NASAで働いたことで新たに得た「宇宙船内の設計という知識」が組み合わさったのである。

次に、駐車場のラインを示した左図をご覧いただきたい。

図2 2つの駐車場のライン

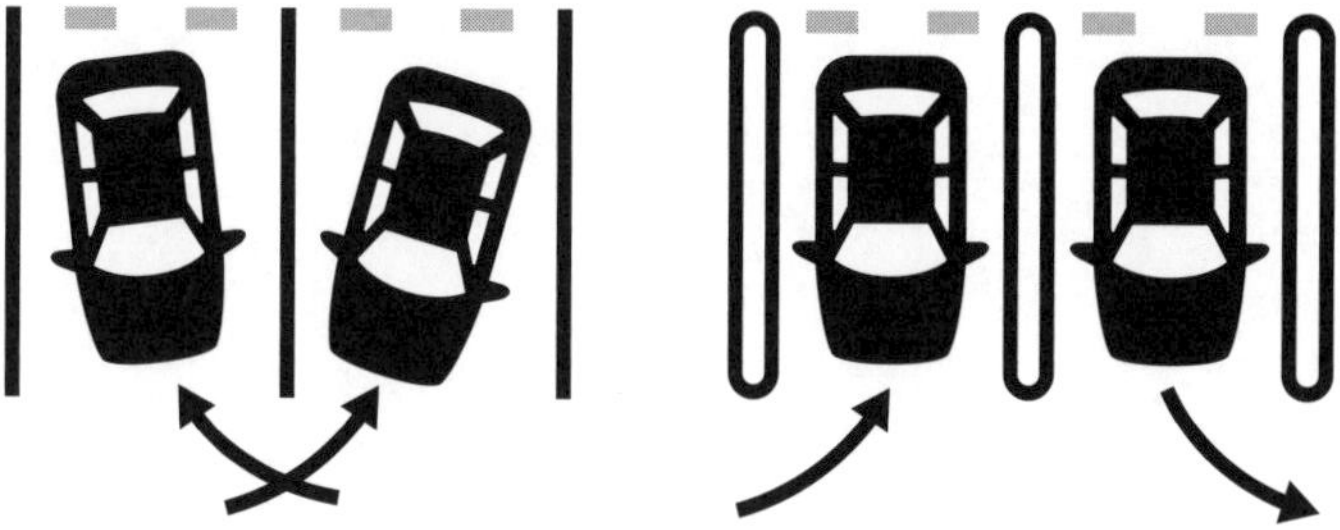

ラインが細い直線だと
車がまっすぐ駐車されにくく
事故が起きやすい

ラインが楕円だと、
中心に駐車しようとするため、
隣と左右等間隔で
駐車されやすい

左のように直線だけのものと右のように楕円にした線がある。この2つを比較すると、右のほうが隣の車と左右等間隔で駐車しやすくなり、接触トラブルを防げる確率が格段に上がる。ドライバーは楕円ラインのほうが左右等間隔に駐車しやすいから、このような種類の線があるのだ。

この例が「何かに似ている」と気づいた人もいるのではないか。チョークで描いた楕円の足型に靴を置く。駐車場の楕円ラインに入れないように駐車する。つまり、この2つには「楕円を基準にする」という共通項がある。

もし、**チョークで足型を描くという小さなイノベーションを知っていたら、駐車場の設計に「組み合わせ」て、駐車場に楕円のラインを引くという小さなイノベーションを生み出せる可能性は上がる。**

一方で、駐車場に楕円ラインを引いたほうが左右等間隔に駐車されやすいという駐車場の設計知識があれば、靴を脱ぎ散らかす子どもの心理と「組み合わせ」ることで、チョークで足型を描くという小さなイノベーションにつながる可能性が高まる。

子どもの心理と駐車場の設計。このように、まったく違う知識を「組み合わせ」る(点と点をつなげる)ことで、小さなイノベーションは生まれる。

分野を横断した幅広い知識があれば、異なる分野の知識を簡単に「組み合わせ」られる。では、そのような知識を、どう獲得すればいいのだろうか。

本を読む習慣のある人は、これまで読んでこなかった分野の本を読んでみよう。読書が苦手ならオーディオブックを活用するのもいい。友人、同僚、専門家と交流し知識を得ることも可能だ。同じ会社の人や仕事仲間でないほうが知識の幅は広がる。S

NSの交流グループなどに参加するのもいい。録画した教育番組やドキュメンタリー番組などを、時間のあるときに観るのもいい方法だ。

気になることがあったら検索して周辺知識を得る習慣をつけると、知識は深まる。ニュースの通知を受け取るようにするなどインターネットを活用するのもいい。

生成AIは信用ならない「敵」なのか？

ぜひ気に留めておいてほしいのは、自分の専門外の知識、社内ではなく社外の知識に対して貪欲《どんよく》さがあったほうが「組み合わせ」には有益ということだ。

さらに現在は、あらゆる知識を獲得し日々進化している生成AIがある。

生成AIの答えには誤りがあり、まだ知識が豊富でないという意見もあるが、思い出してほしい。

インターネット黎明期に「ウィキペディアなどあてにならない」と断じた人が大勢いた。だが誕生から20年以上経過し、多くの人が日々アップデートし続けてきたことで、ウィキペディアの精度はかなり上がった。英語版は特筆すべき精度だ。これはGAFAMなどのビッグテック企業で、ウィキペディアをファクトチェックに活用していることからも明白だ。

黎明期にある生成ＡＩは日々進化している。

利用上のルール、何を学習させられて何を学習させられないか、得られる権利と報酬をどうするかなどの変動要因は多々あるが、現在の状態だけで判断すべきではない。そこで本書では、こうした議論から一線を画し、創造性を拡張させるツールとして生成ＡＩを位置づけてみたい。

スマホも自動運転も「組み合わせ」から誕生した

本書で紹介する生成ＡＩの使い方は、キーワードの下調べをさせたり、翻訳要約させたり、レポートを書かせたりするような、情報感度の高い人々がインターネット上を賑わせている使い方ではない。シンプルな作業を肩代わりしてくれる、人件費削減ツールでもない。どれでもなく「人間の創造性を高めるツール」と位置づけると、生成ＡＩの活用範囲は広がる。

シュンペーター、ポアンカレ、クリステンセン、ヤングらが示したように、既存の知識の「組み合わせ」から創造性は生まれる。

これはテクノロジーの分野でも同じだ。スマートフォンはパソコンと電話を「組み合わせ」てコンパクトにしたもの、あるいは電話とカメラを「組み合わせ」たものとも言える。

ここに至るには、従来のパソコンの機能や内部構造の知識、また電話やカメラの内部構造の知識を、ある程度もっている必要がある。それらがないと「組み合わせ」た新しいもののかたちや実現可能性をイメージするのが困難だからだ。

ガソリン車と電気モーターを組み合わせたハイブリッドカー、クラウドコンピューティングと人工知能を組み合わせた自動運転も、それぞれの知識を「組み合わせ」たことで初めて、新しいものになったと言えるだろう。

▼新しいものは「組み合わせ」によってできる

ガソリン車×電気モーター
▼ハイブリッドカー
クラウドコンピューティング×人工知能
▼自動運転

身近な例で言えば、ハンバーグのつくり方とバンズの特徴などの知識がまったくなければ、ハンバーグとバンズを組み合わせたもの（ハンバーガー）が美味しくできないのと同じだ。

それゆえ知識として、既存の概念をもっている必要がある。一方で知識が豊富だとしてもイノベーションが生まれるとはかぎらない。なぜなら、その知識を「組み合わせ」る必要があるからだ。「仕事を減らす」第2ステップは「組み合わせ」だ。

まとめ

まず知識を手に入れ、その知識を「組み合わせ」る

頭のいい人の思考習慣③

「試す」

ただ「組み合わせ」るだけでいいなら誰でもできるはずだ。だとしたら、**なぜイノベーションが次々生まれないのかと疑問を抱く人も多いだろう。それは新しい「組み合わせ」には「失敗」のリスクがあるからだ。**

大前提として、失敗は成功の過程、創造性の一部と認識できない人が多いのも大きな原因だ。リスクを冒して失敗するのは誰でも怖い。だから変幻自在に新しい組み合わせを「試す」ことが習慣化されにくい。

失敗が怖いから「このままでいい」という強烈な心の呪縛が働いてしまう。

生き残れる人は、すべてを「成功の過程」ととらえる

これから生き残れるのは「試す」という体験が血肉となり、その先にある創造性を身につけた人材だろう。特に日本人は失敗を恐れる傾向が強いため「試す」ができる人の希少価値は高い。これは絶好のチャンスだ。企業のバランスシートに載ることのないノウハウや小さなイノベーションなどの無形資産を生み出せる人材は世界中の企

業が欲している。「仕事を減らす」思考の3ステップにおける第3ステップ「試す」の存在は、体験がいかに重要かを示すものだ。

失敗王でもあった発明王トーマス・エジソン

TOEICのスコアは800以上あるのに英語を話すのが苦手、という人がいる。知識があるだけに「ちゃんとした文法で話さなきゃ」「間違ったら恥ずかしい」などという気持ちが働いて、何も話せなくなることがあるそうだ。

逆にスコアが400以下でも平気で海外でビジネスを始める人もいる。つたない英語でも話してみる、間違えてもいいから話してみる。赤ちゃんが言葉を話すようになるプロセスと同じで、英語も会話を「試す」ことで身につく。

子どものころ自転車に乗り始めたときに、いきなり乗れたという人は稀だ。ほとんどの人は失敗を繰り返し、何度も「試す」ことで乗れるようになったことを思い出してほしい。

小さなイノベーションは「組み合わせ」を「試す」ことで生まれる。「試す」プロセスを何度も繰り返すうちに、脳内の点と点を結ぶ「組み合わせ」回路が磨かれる。天才や成功者は、たとえ失敗したとしても何度も「試す」ことで成功体験を得て、新しいことへの情熱や好奇心が育まれていることが多い。

発明家のトーマス・エジソンは、数千もの失敗を経験し（試す）、電球の発明をした。それを「失敗したのではなく、うまくいかない方法を1万通り見つけただけだ」とまで豪語した。人類史に残る発明王エジソンですら「組み合わせ」を「試す」ことを幾度となく繰り返したのである。

本書の課題は「仕事を減らす」ことだ。

であれば、たとえ仕事のやり方を変えて満足な結果が得られなかったとしても自分の仕事が減らないだけで、誰にも迷惑はかからない。低リスクで「試す」ことが可能

図3 失敗は創造性の一部

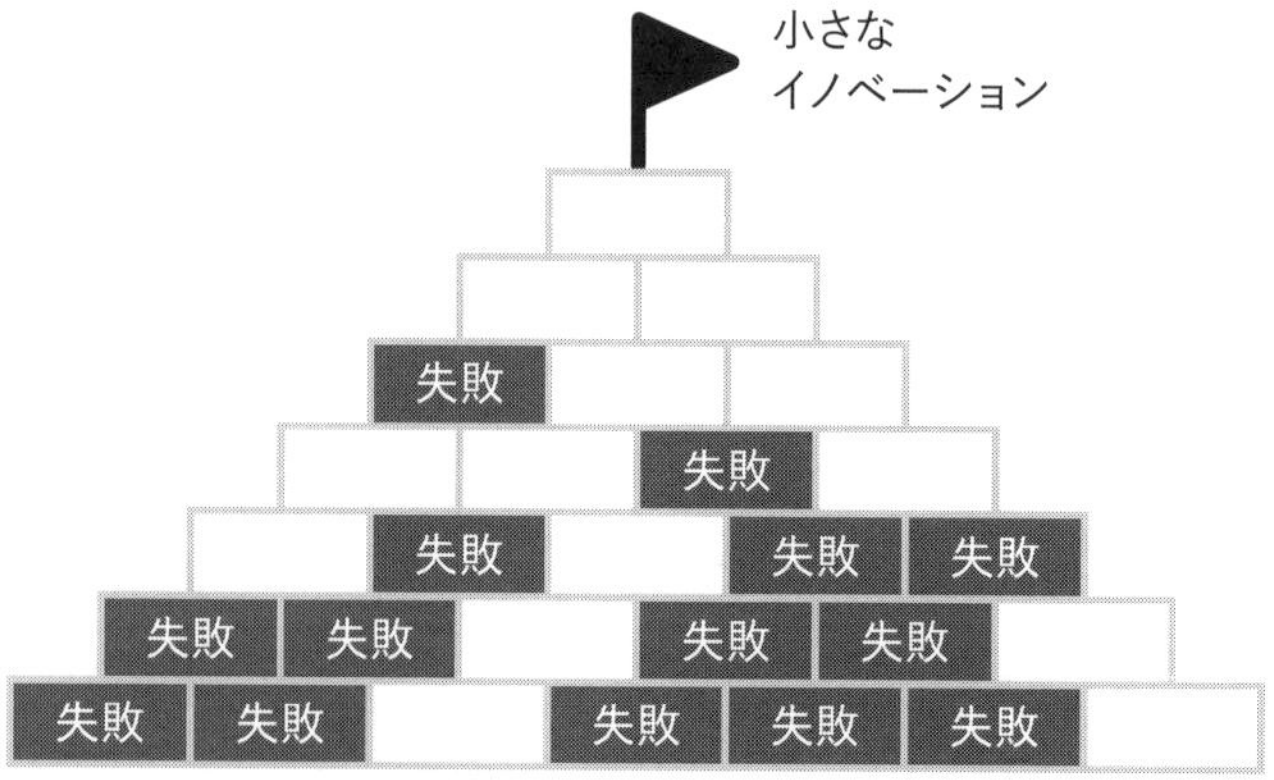

な領域だ。小さなイノベーションを生み出す創造性は「試す」ほど磨かれる。

もちろん、ただやみくもに行動するのではなく「引いて考える」「組み合わせ」というステップを踏んだうえで「試す」のが、最も効率的で成果にもつながりやすい。

頭のいい人や成功している人の多くは「引いて考える」「組み合わせ」「試す」の3つのどれかを、あるいは複数を無意識に実践している。それを3つ直列にすることで、誰もがエジソンのような天才の領域を垣間見られるわけだ。

私のまわりの会社員は、立場を失うことを極端に恐れている人が多い。新しい売り方やサービスを生み出すリスクなど、とても許容できそうにない。

そんななか最近、知人が新しいサービスを生み出した。現段階では、それはうまくいかない確率が高いが、いきなり自転車には乗れないように「試す」がなければ前進しない。すべては創造性の一部と考え、多様な経験をするなかで失敗しにくい方法を学ぶ。これは学校教育では教わらない、人生にとても大切なことの一つだ。

「仕事を減らす」という小さな挑戦が市場価値を高める

この「試す」は、小さなイノベーションにおける極めて重要なプロセスだ。「試す」ができるかどうかが、会社に都合のいい社員として立場を失うことに怯えながら生きるか、自分の人生を選び取って生きるかの違いをつくる。ここに一歩踏み出すための絶好のターゲットが「仕事を減らす」だ。失敗を失敗と認めないのではない。試した結果は「実験結果の一つ」と考えよう。

「それでも仕事で失敗するのは抵抗が……」という方も多いかもしれない。

私は自宅で料理をする習慣がある。

料理は、まさに「試す」の領域だ。フレンチのソースに日本の醤油を隠し味として組み合わせたり、日本料理に中華の豆板醤を組み合わせたりすることで、美味しくなることも、まずくなることもある。家族にまずいと言われることなど、日常茶飯事だ。新しい料理に挑戦すればするほど失敗するが、成功もする。そこで未知の美味しさを発見した喜びと驚きが、次の挑戦への原動力だ。

一歩踏み出す勇気には人生を一変させる力が

そのうち、ごく稀に、料理を家族に褒められるようになる。何と何の組み合わせなら成功するかが体験的に判断できるようになり、成功率も上がっていく。するとリスクを恐れなくなる。

「新しい味を試してみたい！」という好奇心が広がり、ほかの国の料理も食べてみたくなる。本場の味を求めて、その国の文化や歴史を知識として獲得する。こうした経験が、仕事の創造性にも大いに役立てられる。

「試す」の領域は広い。

その一つが「仕事を減らす」だ。

そこで試すか試さないかが創造性を育めるかどうかを決める。もちろん、失敗を人に見せず、ご自身の立場に影響のない範囲で「試す」こともできるだろう。

まとめ

「試す」ことで思いつきが小さなイノベーションに進化する

生成ＡＩは仕事を奪う敵か、仕事を減らす味方か

「仕事を減らす」がテーマなら、これまで紹介した「引いて考える」「組み合わせ」といった考える仕事も生成ＡＩで減らせないか、と考えた人もいるだろう。

生成ＡＩは、地球上の誰よりも多種多様な本とインターネット上のあらゆる情報を読み込んでおり、それに基づいて新しいものを「生成」できる。しかし、すぐに生成ＡＩは「組み合わせ」が苦手なことに気づくだろう。

生成ＡＩは与えられたデータからのみ学習しているため、学んでいないデータの

「組み合わせ」ができないからだ。

生成ＡＩに質問や指示をすることを「プロンプト」と呼ぶことは、ご存じかと思う。いま生成ＡＩを仕事に役立てるなら、博学な指示待ち部下を上手に動かすような質問や指示（プロンプト）が必要だ。ただ、どれだけプロンプトを工夫しても「組み合わせ」を導き出せないことがある。

であれば、知識を獲得するツールとして使うのはどうだろうか。

つまり「組み合わせ」は人間が行い、知識のみ生成ＡＩから得るという使い方だ。少しわかりにくいかもしれないので、さらに詳しく見ていこう。

じつはＡＩには2つのとらえ方がある。

一つは人間の知能をコピー、または再現しようとする技術やシステムをめざすもの。これを人工知能（Artificial Intelligence）という。

もう一つは、人間の知能を補完・拡張するための技術やアプローチをめざすもので

図4　人工知能（Artificial Intelligence）と拡張知能（Augmented Intelligence）

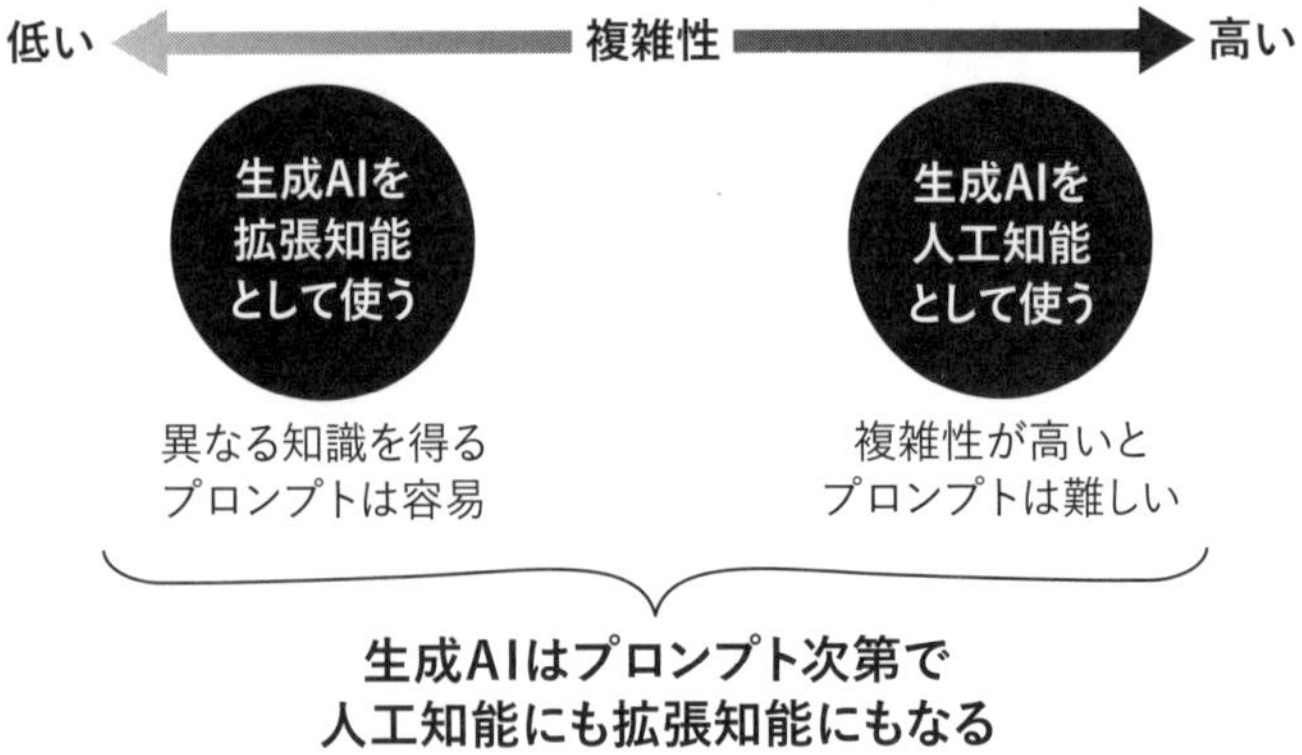

ある。こちらは拡張知能（Augmented Intelligence）という。

生成ＡＩは、人工知能としても拡張知能としてもとらえられ、どちらの要素も備えている。となると、**使う側が知識を求めているか創造性を求めているかでプロンプトが違ってくる。**

ただ、生成ＡＩは基本的には人工知能だ。いずれ異なる知識を「組み合わせ」ることで創造性をもつだろう。しかし、それを導き出すプロンプトを設定するのは難しく、逆にプロンプト自体に創造性が必要な場合もある。

だとしたら、テーマの複雑性によって「組み合わせ」は人間が考えるものとし、生成ＡＩは知識を獲得するためのツール（拡張知能）として割りきって使うのが、現段階でのおすすめだ。

ここまでの話を整理すると、次のようになる。

1. 「引いて考える」ことで本質が見える
2. アイデアなどの創造性は異なるものの「組み合わせ」から生まれる
3. 新しい挑戦での失敗を恐れる人が大多数
4. 自分の「仕事を減らす」挑戦なら失敗しても誰にも迷惑はかからない
5. 自分のことで「試す」ができれば創造性は少しずつ高まっていく
6. 生成AIは人類の誰よりも知識がある
7. 生成AIから新しい「組み合わせ」を導き出すプロンプトを与える（人工知能）
8. 生成AIには知識を求め人は異なるものの「組み合わせ」を考える（拡張知能）
9. 導き出した新しい「組み合わせ」を「試す」ことが重要

生成AIに真っ先に仕事を奪われる人、生き残る人

人間と生成AIを比較すると、獲得した知識は生成AIのほうが多いのは前述の通りだ。

たとえばアメリカを代表する医療機関メイヨークリニックが提供する生成AIや、世界的な法令データサービス企業のLexisNexisが提供する生成AIは、医師や弁護士の仕事を支援するツールだ。ただ、AIに学ばせた専門知識の量が医師や弁護士を圧倒するレベルなので、当然ながら彼らの仕事を奪う可能性すらある。

AIはあらゆる仕事に使われるだろう。そうすると、その会社でしか通用しない知識やスキル（ファーム・スペシフィック・スキル）は真っ先に意味をなさなくなる。

なぜなら生成AIは、各企業固有のデジタル化され蓄積された知識と瞬時に連携（LlamaIndex, LangChainなどを使う）できるからだ。これはつまりベテランが蓄積

した知見の多くが標準化され、新人との差がなくなることを意味する。

これを「引いて考える」と、会社が用意したテンプレートやしくみがあるからできる仕事をこなしている人が真っ先に立場を失うことがわかる。転職市場でも、それまでの価値を保てなくなってしまう。

野球やサッカーでチームを移籍したとたん通用しなくなる選手はよくいるが、移籍前のチームに最適化しすぎて、どこでも通用するスキルを身につけ損ねたのではないかとも考えられる。

以前、仕事ができる人だろうと考え、ある大手企業の社員を採用したことがある。彼は問題が起きると「前の会社ではこうやってきた」とばかり言って対応できなかった。つまり彼には前の会社でしか通用しない知識やスキルしかなかったのだ。関西のグローバル企業だったが、会社の名前で生きてきたのだろう。

このように、その会社でしか通用しない知識やスキルは、ほかの会社では応用しにくい。まったくの同業種なら多少は活用できるが、やはり限界がある。

これは会社という枠組みにかぎった話ではない。たとえば日本における大学入試の基準となる偏差値という概念はアメリカの大学にはない。となると日本でしか通用しない偏差値がいくら高くても、アメリカの大学には入学できないこともある。

自分の「居場所」を確保できるかどうか

アリのコロニーと会社組織を比較したように、ほかの何かと比較すると話が単純化されて理解が深まり、本質が明らかになることがあるのは先に述べた通りだ。ここでは会社員と生成ＡＩの関係を、生物の世界と比較してご紹介しよう。

サバンナの草食動物シマウマは草原の草の先端を食べ、ヌーはその下の草の茎や葉を食べ、ガゼルは地面に近い背丈の低い部分を食べる。

キリンは、高所の葉を食べる。このように、それぞれの動物が食べ物で棲み分けている。

どんな生物でも棲み分けることで、それぞれがナンバーワンでありオンリーワンになれる「居場所」があるのだ。

ここで紹介したのは、生物の激しい競争の結果として起きた食での棲み分けだ。もしシマウマとヌーとガゼル、そしてキリンが同じ草の同じ部分を食べていたら、弱い種は生き残れない。**共存できなければ敗者は去りゆくのみ。このことを生態学では競争排除則（ガウゼの法則）と呼んでいる。**

では生成AIと、その会社でしか通用しない知識やスキルをもつ社員との棲み分けが、サバンナの草食動物のようにできるかを考えてみよう。それぞれが「居場所」を確保できるのだろうか。

ガウゼの法則では、それはできないという。

「生成AIは生物ではないからガウゼの法則は成立しない」と考えた人もいるだろう。サバンナではどの草木を食べるかで棲み分け、会社ではどの仕事を誰が担うかで棲み分けをしている。ルーチンワーク化された定型業務という「居場所」は、生成A

Iと争うことになるのは間違いない。

会社というサバンナには、次の2つの種が存在することになる。

A　**その会社でしか通用しない知識やスキルを獲得した会社員**

B　**その会社でしか通用しない知識やスキルを獲得した生成AI**

ガウゼの法則によると、AとBのどちらかが排除されることになる。生成AIに仕事を奪われることが不安な人は、Aになることを恐れるだろう。

しかしAは、次のように進化することが可能だ。

C　**生成AIを使いこなすスキルをもった会社員**

では、このことをスキルの種類から考えてみよう。**その会社でしか通用しない知識やスキルと対をなすものに「ポータブルスキル」と呼ばれるスキルがある。どんな仕**

事や職場にも〝持って行くことが可能で、しかも活用できる〟汎用性の高いスキルだ。

たとえばパワーポイントに記載された会社固有の商品知識とその説明は、ほぼその会社でしか通用しないタイプの知識やスキルだ。一方で、人を成長させるための対話などのマネジメントスキルは、どの会社でも使える可能性が高い。

取引先の説明会で同僚が大いびきをかいた原因

ある取引先主催のサービス説明会に参加した私の同僚は、60分間それを聞き続けることができず、大いびきをかいて寝てしまった。その取引先からクレームが入り、始末書を書くこととなった。

これを「引いて考える」と、取引先の説明者が視界に入る。どうやら説明者は60分間資料を読み上げただけのようだ。寝てしまった同僚が悪いのは明白だが、説明者が

ＡＩどころか読み上げソフトレベルの仕事しかしないとしたら、今後の参加に注意が必要だ。その説明者は「商品情報」というその会社でしか通用しない知識と「読む」という平凡なスキルしか持ち合わせていないのかもしれない。

似たようなタイプの説明会で、聴衆に感動を与えつつ、わかりやすく、ぐいぐい惹きつけながら話す人もいる。これはプレゼン力という、どの会社でも活用できるポータブルスキルだ。ポータブルスキルには、その会社でしか通用しない知識やスキルを強化する力が備わっている。

▼その会社でしか通用しないスキルとポータブルスキル

その会社でしか通用しないスキル
商品情報（知識）を語る▼誰でも手に入れられる（ＡＩを含む）

ポータブルスキル
感動を与えるほど魅力的な説明▼希少価値がある

単なる商品情報（知識）に具体的な使用例などを交えてわかりやすくプレゼンできれば、聴衆は睡魔に襲われることなく60分を過ごせるだろう。

商品情報を読み上げるだけでは、こうはいかない。

この違いは、その会社でしか通用しない知識が、プレゼン力というスキルの力で強化されたから生じたものだ。このプレゼン力というポータブルスキルは「どこに転職しても役立つスキル」と言っていいだろう。

プレゼンをうまくこなすポータブルスキルをもつ人は、自分に価値があることがわかっているため、自信に満ちている。同じように、

C　生成ＡＩを使いこなすスキルをもった会社員

は、排除される不安などない。当然、

B　その会社でしか通用しない知識やスキルを獲得した生成ＡＩ

と棲み分けし共存できる。このように「引いて考える」と、生成ＡＩを使いこなすというポータブルスキルの獲得は必要性が高いことがわかる。

ここで不安になった人がいるかもしれないが、インターネットが急速に普及したころにもメールってなんだ、ホームページってなんだ、まったくわからない。使えそうにないから心配、というビジネスパーソンは大勢いた。

しかし現在ではSNSやYoutube動画など、たとえどんなしくみで動くものかわからなくても、スマートフォンを通じて日々使っているのではないだろうか。

生成AIを強力な味方にする、たった1つの方法

生成AIに仕事を奪われるのが心配だとしても、本書を読み進んでいけば、そうならない方法があることに気づくだろう。

本書の主張は、生成AIに膨大な知識があるから読書もGoogle検索もいらないということではない。目的は「仕事を減らす」こと。そのための小さなイノベーションを考えるときの知識を得る手段として、生成AIが使えるということだ。

図5　生成AIに駆逐される人、生き残る人

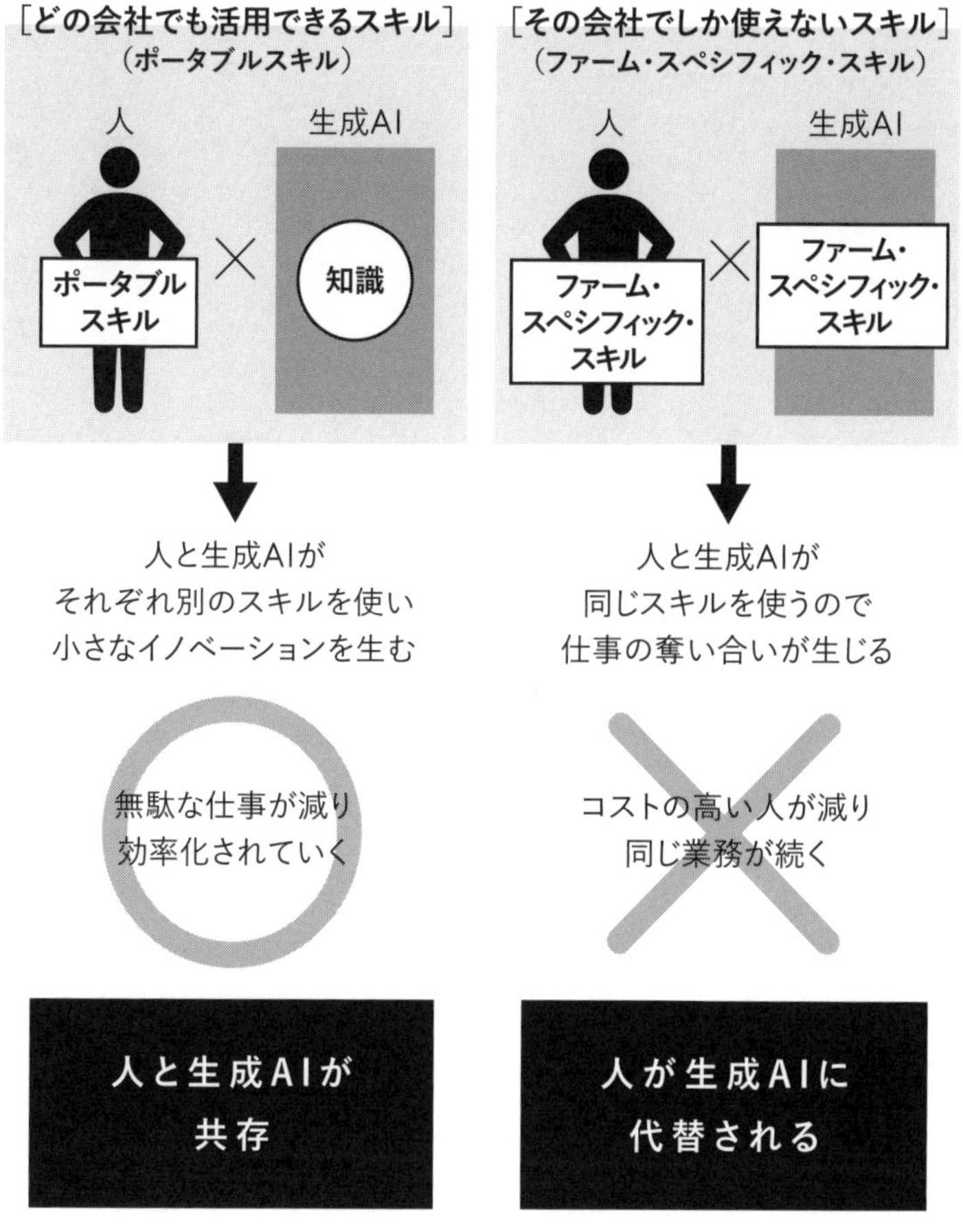
[どの会社でも活用できるスキル]
(ポータブルスキル)
人
生成AI
ポータブルスキル
知識
人と生成AIが
それぞれ別のスキルを使い
小さなイノベーションを生む
無駄な仕事が減り
効率化されていく
人と生成AIが
共存
[その会社でしか使えないスキル]
(ファーム・スペシフィック・スキル)
人
生成AI
ファーム・スペシフィック・スキル
ファーム・スペシフィック・スキル
人と生成AIが
同じスキルを使うので
仕事の奪い合いが生じる
コストの高い人が減り
同じ業務が続く
人が生成AIに
代替される

Coffee Break

実用最小限で「試す」リーンスタートアップ

無駄のない起業プロセスでイノベーションを生み出すことをリーンスタートアップという。新事業は小さく始めて、成功するかどうかを早く見極めるというコンセプトだ。そのため最初から完璧な製品・サービスをめざして完成させるようなことはしない。

まずは、実用最小限の製品（Minimum Viable Product）を少ないお金で生み出す。そして市場で「試す」ことを繰り返しながら、顧客のフィードバックを参考にビジネスを成長させていく。

このリーンスタートアップにおける実用最小限の製品と、「組み合わせ」で生み出した小さなイノベーションは、何度も「試す」ことを繰り返し成長させていくという意味で同じ考えに基づいている。

実用最小限の製品のいくつかの例からも、そのことがわかる。

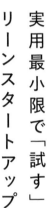

UberもAirbnbも「試す」を繰り返し急成長した

配車サービスのUberは、実用最小限の製品として位置情報を利用したプロトタイプ（車と位置情報の「組み合わせ」）を開発し、それを一部のユーザーに「試す」ことでフィードバックし、その後、サービスを全世界に展開した。

民泊仲介事業を行うAirbnbは、宿泊施設を紹介する写真の撮影にプロの写真家を使ったほうがビジネスはうまくいくという仮説（個人所有不動産とプロの撮影した写真との「組み合わせ」）を立て、実際に写真家を使って実用最小限の製品で実施（「試す」）してみた。

すると、予約数が2～3倍に増えたという。このテスト結果をもとにプロの写真家による写真撮影サービスを導入したのだ。

あなたが考えた「仕事を減らす」ための小さなイノベーションは、リーンスタートアップにおける実用最小限の製品と同じように「試す」ことを繰り返して成果を実証すべきだ。そうするうちに、その会社でしか通用しない知識やスキルとは違う、新しい仕事のやり方を見出せる。

実用最小限の製品で「試す」経験があると、その会社でしか通用しない知識やスキルを超えた仕事をすることに抵抗がなくなる。これは経営者にとって願ってもないことだ。なぜなら、そこから生まれた小さなイノベーションは、お金を生み出すからだ。

自らの「仕事を減らす」ための小さなイノベーションを生み出した経験は、まったく同じ方法で、実用最小限の製品に応用できる。つまり社内でイノベーションを生み出すという、ポータブルスキルを身につけることになるのである。

第2章

伝え方に小さなイノベーションをもたらし「仕事を減らす」

「うまく伝わらない」という仕事を増やすリスクを排除せよ

徹夜で資料を作成し、もてる力をすべて注ぎ込んで説明したのに契約が取れなかった。自社の商品やサービスがいかに素晴らしいか情熱を込めて1時間も熱弁したにもかかわらず「わからん」のひと言で終了。会社に必要なことだから、と理路整然と上司に説明した提案が無視されてしまった。

このように伝えたいことが伝わらないと、どんなにいいアイデアがあったとしても仕事の成果にはつながらない。もちろん小さなイノベーションも同様だ。

受け取る側が発信者と同じレベルで話を聞き理解することは、ほぼないと思ったほうがいい。もしかすると相手は、自分がいま抱えるトラブルのことばかり考えて聞いているかもしれないし、小中学校での校長先生の話や会社での社長の訓示を義務として耳に入れる感覚でいるかもしれない。そう考えると伝える力の重要度は、ときに伝えるアイデア以上になることすらあるだろう。

伝えることは、すべての仕事の基本中の基本だ。報告・連絡・相談はもちろん、営業なら顧客に商品情報を伝える、上司へ状況を伝える、部下に指示を伝える、会議で自分の意見を伝えるなど、仕事のあらゆる側面で必要になる。

第2章では、営業という仕事のなかでも重要な顧客へのプレゼンをテーマに、その根幹を成す伝えることとの具体例を紹介していく。経営層へのプレゼン、株主へのプレゼン、会議でのプレゼン、社員へのプレゼン、取引先へのプレゼン、いずれも大切なのは「伝える力」だ。

ここで紹介する方法は、対象が顧客でなくとも効果は変わらない。つまり営業職以外の方にも必ず役立つものなので、ぜひ実践していただきたい。

1　プレゼンを「引いて考える」

ではさっそく、小さなイノベーションを生み出す「引いて考える」「組み合わせ」「試す」の3ステップに沿って考えてみよう。

まず、ご自身がプレゼンをしている姿を思い浮かべてみてほしい。場所は「会議室A」で、そこには顧客側の担当者2名がいる。プレゼンで用意したパワーポイントは60ページ。1ページを1分で説明すれば60分で終わり、質疑応答に移れる。

プレゼンが終わり、質疑応答ではかなり突っ込んだ質問もあったので、今回は成功したと思う。しかし肝心の商談は先に進むことはなかった。

「会議室A」から10メートル上空に引いて考えてみる。

顧客側の担当者2名はプレゼンと質疑応答が終わると、同じフロアの「会議室B」

にいる上司にプレゼン内容を報告したはずだ。はたしてそのとき、あなたと同じ熱量で同じようにわかりやすく、60分かけて説明しただろうか。NOだ。ほぼ間違いなく自分の考えで要約した内容を報告したはずだ。もし、その内容が伝えたかったことと違ったら、あなたがプレゼンした内容が顧客の上司に伝わることは永遠にない。

次に、20メートルほど上空まで引いて考えてみる。今度は役員会が催される「役員室」まで眺められた。その上司が部下の要約した内容を役員会で発表し、決裁を仰ぐ。要約された内容はさらに簡素化され、最初にあなたがプレゼンした内容の骨子は吹っ飛んでいた。プレゼンした側からすると背すじも凍る話だが、これは世界中で毎日のように起きていることだろう。

熱量の高い熱心なプレゼンには、たしかに顧客個人の判断を促す効果がある。しかし多くの場合、商談の可否は特定の決裁者や会議などでの判断となる。つまり、あなたが説明した相手が決裁者でないかぎり、何日もかけて作成した数十ページの資料も、熱く語った素晴らしさも〝決裁に関わる人に伝言してもらうことを想定していない残念な案件〟としか思われないのである。

図6　取引先でのプレゼンを「引いて考える」

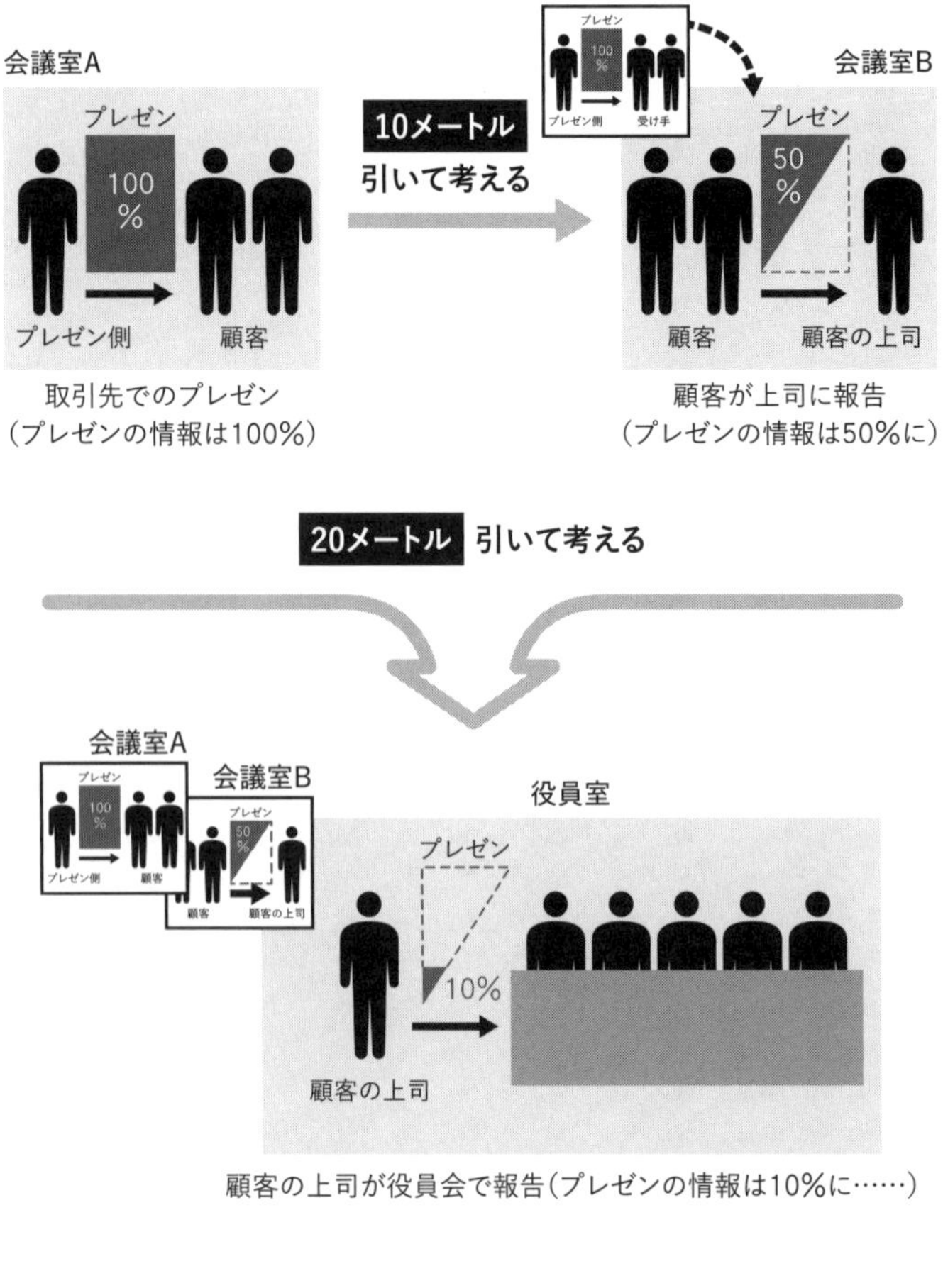

プレゼンで成果が出なかった場合、ほとんどの人はプレゼンのやり方を問題視する。「次回はもっと詳細な情報をきれいにまとめ上げるぞ」などと燃え、目の前の人を説得するにはどうしたらいいかを突き詰めて考える。対策を練り、前回より熱量を上げて力説する。

これを繰り返しても、残念ながら成果にはつながりにくい。そんなときは離れた位置に幽体離脱したように視点を引いて、その仕事をしている自分の姿や取引先を俯瞰してみよう。そうすると次のような本質が見えてくる。

「プレゼンは共有を使命とする」

「引いて考える」ことでプレゼンにおける使命が明らかになった。いよいよ、この使命を実現するための小さなイノベーションを考えることになる。営業職なら決裁者や合議の場への参加者、企画職なら企画会議の参加者など、プレゼンを直接聞いた人に好印象を与えつつ、プレゼンを聞いていない人にも内容を正確に共有できるようにしておかなければならない。

2 プレゼンの「組み合わせ」

次のステップは、「組み合わせ」の参考になる知識がないかを探す思考の旅だ。自社にヒントとなる実例がないか探してみるのが最初のアプローチだろう。チャットなどで、プレゼン相手以外にきちんとプレゼン内容を共有させることに成功した例がないか問いかけてみる。

誰からも返事がない。

ここであきらめる人は多いが、旅は始まったばかりだ。

次に他社に視点を移してみる。

「同業他社やほかの業界」の情報はなかなか得ることができない。しかし**「プレゼン相手以外に内容を共有させる必要があるという問題意識」をもっていると、思わぬことに気づくケースがある。**

たとえばユニークな視点の斬新なドラマを観たとき、誰が脚本を書きキャスティングを考えたのか、気になったことはないだろうか。

ここではSNSで見かける新商品を誰が考え、どうやって会社を説得したのだろうと思いをめぐらせてみることにした。

あの大ヒット商品の企画書に記された魔法の11文字

SNSを眺めていると、CASIOのG-SHOCKの最初の企画書には「落としても壊れない時計」というたった11文字だけが書かれていたと知った。つまりこれは、まだ開発されていないG-SHOCKを明確にイメージさせられた魔法の11文字ということだ。なぜなら企画会議の先にある役員会議の参加者にも、この新商品を鮮明にイメージさせられ、しかも承認された言葉だからだ。

検索でも資料探しでもいいが、ここでは手っ取り早く生成AIに「1行で特徴をあらわした商品の例は？」と質問してみた。すると次から次へと例が挙がる。

「指で触れるだけですべてが操作できるスマートフォン」Apple の iPhone
「本を持ち歩く必要のない電子書籍端末」Amazon の Kindle
「据え置き型と携帯型の両方の機能を備えたゲーム機」Nintendo の Nintendo Switch
「最先端の技術を搭載したコードレス掃除機」Dyson の Dyson V15 Detect
「コンパクトサイズで大容量の食洗機」Panasonic の NP-TZ100
「低燃費と走行性能を両立したコンパクトカー」トヨタ自動車のカローラ

エレベーターピッチという言葉がある。これは、エレベーターに乗っているあいだ程度の短時間で偶然出会った重要な人物の関心を引き、自分のアイデアやビジネスの要点を的確に伝えて興味を抱かせることを指す。

起業家は、このエレベーターピッチで投資家から巨額の投資を得る。
たとえば COVID-19で日本でも有名になった Uber の創業者、トラビス・カラニックとギャレット・キャンプは、TechCrunchでエレベーターピッチを行い、２５０万ドルの投資を獲得した。Zoomの創業者であるエリック・ヤンは、セコイア・キャピタルでエレベーターピッチを行い１億ドルの投資を獲得した。

さらに、**WeWorkの創業者アダム・ニューマンとミゲル・マッケルビーは、ソフトバンクグループでエレベーターピッチを行い１００億ドルの投資を獲得した**。その後の経営は別にして、このプレゼン能力には驚くばかりだ。まさにエレベーターピッチの効力を表す事例と言えるだろう。

新商品の企画書であれエレベーターピッチであれ、長い説明はダメで、要点を突いた１行程度の短いものが共通認識には必要だということがわかってくる。

「引いて考える」ことで、プレゼンは共有を使命とすることが明確になった。そのための手段として、要点を押さえ特徴を凝縮することが大切だとわかった。これはプレゼン資料のページ数を増やし充実させ、内容を飾り、情熱的に話すという従来のアプローチと真逆だ。

プレゼンに強大な貫通力をもたらす武器

ここで新しい、プレゼンの小さなイノベーション案が浮かんでくる。**資料の冒頭や最後には必ず、要点を押さえ特徴を凝縮した1行を挿入しておく**。これなら「会議室A」で説明した顧客の担当者2名に伝わり、その上司にも伝わり、さらに役員会に参加した人たちにも正確に伝わりやすい。

「既存のプレゼン資料と、特徴を凝縮した1行の組み合わせ」

これによってプレゼン資料そのものをわかりやすくするために修正や加筆を繰り返してきた労力は、特徴を凝縮した1行を考えるという頭脳労働に変貌した。これは電車に乗っているときでも、食事中でも、散歩中でもできる。それをプレゼン資料に書き込む時間は5分とかからないだろう。

3 プレゼンで「試す」

ここまでの思考プロセス「引いて考える」「組み合わせ」で、既存のプレゼン資料と特徴を凝縮した1行を組み合わせる、という未検証の小さなイノベーションが生まれた。これから検証が始まる。

さっそく別の顧客で「試す」ことをしてみる。先方の担当者には凝縮した1行をさらに強調したので、これまで以上に反応がよかった。

しかし契約には至らなかった。

おかしい。

役員会まで凝縮された1行は伝わったのだろうか。担当者に確認したところ、それは伝わっていたという。

今回の小さなイノベーション（未検証）を生み出すために有効な「組み合わせ」の

知識は、自社にはなかった。そのため「同業他社やほかの業界」に求めた。そこで見つけた凝縮した1行という知識の組み合わせで、先方の上司までは的確に伝わったが、役員会を通るほどの貫通力がなかった。

上司まで的確に伝わったなら、引いて考えて明らかにした使命は問題ないだろう。ならば「組み合わせ」に戻って「試す」のやり直しだ。別の会社や業界（同じ業界やほかの業界）の情報に知識を求めてみる。

生成ＡＩのプロンプトが思いつかない。ＳＮＳを眺めていてもひらめかない。こんなときは書店に赴くのも一つの方法だ。もちろん情報の量ではWeb空間に敵わないが、出所の怪しいものは少ないし、実績ある著者のベストセラーやロングセラー以外にも、さまざまなタイプの本が並んでいる。そのときの問題意識によって、妙に気になるタイトルや帯が目に飛び込んでくる。

書店をぶらぶらしていると、トヨタのノウハウ本が多数並ぶコーナーがあった。そのなかに「紙１枚にまとめる」「Ａ３にまとめる」という本が並んでいた。立ち読みしてみると稟議書、会議の議事録、企画の提案書、打ち合わせの資料など、**仕事のあ**

らゆる場面でA3、A4サイズの書類を「1枚」用意した状態で臨むとある。

トヨタはスムーズな情報伝達やコミュニケーション、問題解決などの取り組みがあるからこそ、社員数約7万人の巨大企業がナンバーワンの座に輝くことができたとまで書いてあった。さっそく1冊選んで購入してみることにした。

「紙1枚にまとめる」を追加で「組み合わせ」

ここで60ページのパワーポイントを1枚にまとめてみようとひらめいた。生成ＡＩでもない、ＳＮＳでもない、Google検索でもない、書店をぶらぶらすることで、既存のプレゼンをＡ３用紙1枚に凝縮する試みを思いついた。

「組み合わせ」は1対1とはかぎらない。複数でもいい。先ほどの凝縮した1行をタイトルにし、60ページのプレゼンを1枚（Ａ３）に凝縮する。つまりCASIOのG-SHOCKの企画書が成功した事例と、トヨタ自動車の稟議書の事例を「組み合わせ」るのだ。そしてプレゼン後、担当者に紙とＰＤＦで渡せば、彼らの上司にも役員会にも全体像が伝わりやすいはずだ。さらに通りやすくなるだろう。

このやり方を別の顧客に「試す」。しかし、またもや契約には至らなかった。担当者によると、上司の理解はクリアになり役員会も万全だったとのこと。

ならば、なぜだ。ここであきらめてはいけない。

思考を止めてはいけない。

今回の小さなイノベーション（未検証）は、「同業他社やほかの業界」に「組み合わせ」の対象となる知識を求めた。しかもトヨタ自動車という日本でトップクラスの企業のノウハウだ。だが効果は足りなかった。「試す」は続く。

次は「技術の歴史」に目を向けてみる。いまはあたりまえになっている技術でも、世に存在しなかった時代は予算獲得に苦労したはずだ。そこにも知識や知恵があるのではないか。しかし残念ながら、有用な知識が見つからなかった。次に「日本の歴史」「世界の歴史」へと思考の旅は続く。

ふと中国の歴史書にあった「三人言いて虎を成す」という故事が目についた。王に

「市場に虎があらわれたと言ったら信じますか?」とたずねると、王の答えはNO。「では、二人が言ったら信じますか?」でも答えはNO。「では三人なら?」とたずねると、王は「信じるかもしれんな」と答えたという。つまり**3人が同じことを言うと3つの情報の差異までも把握でき、人はその情報を信じやすい**のだ。

さっそく好意的な意見をもつユーザーの取材事例を用意しようとしたが、2社しかない。「三人言いて虎を成す」からすると1社足りない。そこで懇意にしている顧客とZoomなどでミーティングの機会を設定した。

まとめると左の2つとなり、これで「組み合わせ」は3つとなる。

1　人は3人がいいと言うと、その情報を信じやすい
2　2社は取材事例として、1社は生の声を届けた

組み合わせ①　CASIOのノウハウで1行に凝縮されたタイトル
組み合わせ②　トヨタ自動車のノウハウを使って1枚に凝縮したプレゼン資料
組み合わせ③　「三人言いて虎を成す」の故事

組み合わせ①と②で中身は伝わったはずなのに、役員会の承認が得られなかったのは、人に伝えるとき「なぜなら～ので」と表現すると判断の背中が押される、という中国の歴史書にあった「ので理論」が働かなかったからと推測した。

これを別の顧客で試してみた。すると組み合わせ①②と「なぜなら」A社、B社、C社で採用されている「ので」(ので理論)、という3つが組み合わされ、無事契約が獲得できた。ここで「試す」プロセスはとりあえず完了だ。

試す①　60ページのパワーポイント資料と、プレゼンを1行に凝縮するCASIOのノウハウを組み合わせた小さなイノベーションver.1

試す②　小さなイノベーションver.1に、トヨタ自動車の1枚に凝縮する稟議書のノウハウを組み合わせたver.2

試す③　ver.2に「ので理論」を組み合わせたver.3

この3回で伝える力は大きく強化された。さらに徹夜で数十ページの資料を顧客ごとにつくる仕事は激減した。というより必要なくなる。

逆に必要になるのは1行に凝縮する、1枚に凝縮するという頭脳労働だ。これは通勤時間でも散歩中でも、ランチの最中だってできる。しかも一度できてしまえば好意的な意見の事例とともに、どの顧客にも流用できるので効果的かつ効率的だ。

▼プレゼンでの「仕事を減らす」効果

before

数十ページの資料(3時間)×顧客ごと(顧客数の40社)
▼
120時間(成約率が低い)

after

凝縮された1行と1枚の資料(考えがまとまれば2時間。顧客数は無限)
▼
初回のみ2時間(成約率が高い)

←

減らした仕事と労力　118時間分の仕事を削減。成約率が上がる

このように「引いて考える」「組み合わせ」「試す」の3つで伝える力を強化すると、必然的に仕事を劇的に減らすことになる。

ここでは「組み合わせ」の段階で、知識を得る順番を自社から「同業他社やほかの業界」と拡大し、次に「技術の歴史」「日本の歴史」「世界の歴史」に求めた。「組み合わせ」の知識はラクに見つかるに越したことはない。このように近いものから順に探していこう。

そのための素材として、ここで紹介したのは最も簡単な方法としての生成AI、そしてSNS、書店をぶらぶらする（本）、Google検索、過去に読んだ本からの知識などだ。手間も費用もほとんどかからない。

加えて必要なものがあるとすれば「組み合わせ」を探す意識くらいだ。

生成AIの進化によって、今後は生成AIだけで有効な「組み合わせ」を見つけることも増えるだろう。しかし手段は絞らないほうがいい。そのうち街をぶらぶら散歩していると突然降りてくる感覚を味わうことになる。**人間の脳は優秀で、無意識の領**

域で勝手に「組み合わせ」をつくるようになっていくからだ。

天才のひらめきは誰でも生み出すことが可能

たとえばニュートンの有名な逸話に、木からりんごが落ちたことをきっかけに万有引力の法則が生まれたというものがある。

りんごが落ちた瞬間に、ずっと考え続けていたニュートンの脳が無意識に、ガリレオの落体の法則（落下速度と重さの関係）とケプラーの法則（惑星運動の法則）を組み合わせたという話だ。

このときニュートンの生家にあったりんごの木は接ぎ木として東京の小石川植物園に贈られ、いまでも実をつけている。

今回の組み合わせ①や組み合わせ②のケースのように「同業他社やほかの業界」で見つかればラッキーだ。それでも見つからない場合は、生成ＡＩのプロンプトや

図7 「組み合わせ」の対象は身近なところから

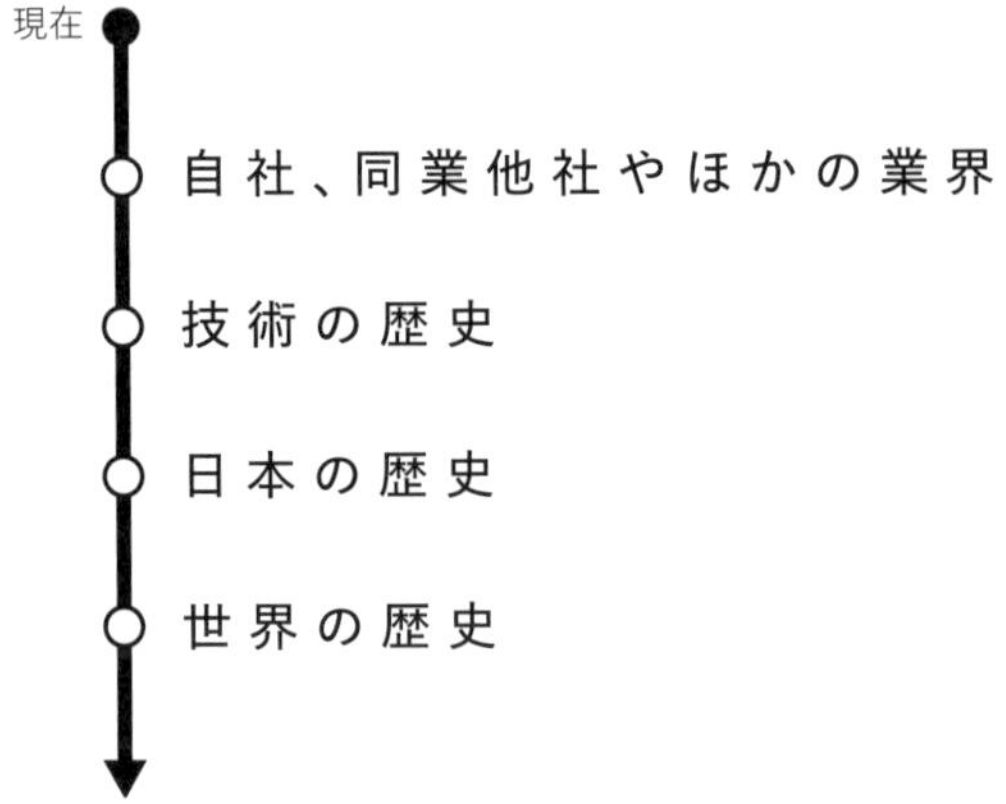

Google検索を使って「技術の歴史」「日本の歴史」「世界の歴史」と知識を時間軸で深掘りしていくといい。すると必ず、どこかで「組み合わせ」になるものが見つかり「組み合わせ」ができる。

上に示したように、現在から過去に向かって、

「自社」→「同業他社やほかの業界」→「技術の歴史」→「日本の歴史」→「世界の歴史」

という順で知識を探すアプローチが有効だ。

では、なぜ現在から過去に向かって探していくのか。その理由は、ユダヤ人の次のことわざが参考になる。

「後ろ向きに座って櫓を漕ぐ」

これは後ろ向きに座って（歴史を見つめ）、先に進む（櫓を漕ぐ）ことから未来を切り拓ける（未来は歴史のなかにある）ことを意味する。またフランスの詩人のポール・ヴァレリーは次のような言葉を残している。

「湖に浮かべたボートを漕ぐように、人は後ろ向きに（過去を向いた姿勢で）未来へ入っていく、目に映るのは過去の風景ばかり、明日の景色は誰も知らない」

スティーブ・ジョブズは、スタンフォード大学の卒業式での祝辞で、このことを次のように語った。

「未来に先回りして点と点をつなげて見ることはできない。君たちにできるのは過去を振り返ってつなげることだけなんだ。だからこそバラバラの点であっても将来それが何らかのかたちで必ずつながっていくと信じなくてはならない」

過去の点と点をつなぐとは、異なるものの「組み合わせ」を意味する。ジョブズの場合、大学中退後にもぐりこんだ授業で学んだカリグラフィー（印刷物を飾るデザイン文字）という文字を美しく見せる技法の知識を、従来ドット文字で構成されていたパソコンの文字と組み合わせ、Macの美しいフォントを創造したのである。

Coffee Break

場所を水平に移動する

本章では、現在から過去に向かって垂直に知識を探す方法を紹介したが、ほかにも方法はある。それは時間を現在に固定し、場所を水平に移動することだ。

具体的には引っ越しなどが効果的だ。本田宗一郎は引っ越しをするたびに発明を思いついたという。場所を変えると新しい情報が入ってくるからだろう。

一時的だが、異なる文化を知ることができる海外旅行もいい。海外移住となると、文化的バックグラウンドの違う異質な友人もできるので、さらに知識は広がるはずだ。自分の知識はしょせん自分が生まれてから現在までの人生経験で得られた範囲のものでしかない。しかし他人の頭のなかには、自分とまったく異なる経験から得られた知識や情報が蓄積されている。だから他人の考えに接することが重要なのだ。

場所を移動することで、精神的にもライフスタイル的にも自分とは違う人に会うことになる。そういう意味で、異質なバックグラウンドをもつ人を友人にすることは小さなイノベーションの「組み合わせ」をしやすくなる。

人生のピンチを「引いて考える」

ジョブズのように大学を中退する人もいれば、会社員なら意図しない転職や転勤、退職や倒産、あるいは離婚などで、住んでいる場所を移動せざるを得なくなる人もいるだろう。それは知識を広げるチャンスだ。そのときの経験は、すぐには役立たないかもしれないが、組み合わせ（点と点がつながる）の知識となるときが必ず訪れる。

そういう意味で、小さなイノベーションを生み出そうとする人生には無駄がないとも言える。なぜなら挫折すらも知識となって、小さなイノベーションの栄養にすることができるからだ。

天才と呼ばれる人や頭がいいと言われる人の多くがポジティブなのは、挫折や失敗ととらえがちな経験がのちのち何度も人生を好転させることを繰り返すうちに、細胞レベルで「すべてを得難い経験として生かす」という意識が浸透しているからかもしれない。

第3章

「仕事を減らす」決意を揺るぎないものにする

目の前の仕事を「引いて考える」と時間の使い方が変わる

後で考えるとやらなくてもいい仕事をした、あるいは断れる仕事を受けて残業した、というような経験はないだろうか。このような後悔する時間の使い方を少しでも削るため、第3章では「仕事を減らす」前提を確認したい。ここが整理できると、力を抜いていい仕事と全力を傾けるべき仕事を区別しやすくなる。

「仕事を減らす」うえで最も重要なのは、時間をどう考えるかだ。私たちの時間のとらえ方には24時間という時計が刻む客観的な時間と、偶然生まれたタイミングから得たチャンスという「好機」の2つがある。

友人の例から、このことを考えてみたい。

数年前に、友人から「会社を買いたいという企業があるから相談に乗ってほしい」と連絡があった。すでに3社の売り先候補企業があったようで、1社は担当者が週に一度は訪問し続け、1社は数億円の具体的な金額提示もあったという。

3社が目をつけたのは検査技術の一種だ。販売する検査機械（特許は友人が個人所有）は、製造業の現場で多額の人件費がかかる工程を劇的に減らすものだという。もちろん売れるなら高値で売りたい。**この技術は希少価値があるため高値で売れば、友人は残りの人生を優雅に過ごせる**ということになる。

そこで私は、ベンチャーキャピタルの資本参加を提案した。ベンチャー企業を売ることに慣れた彼らなら、高値で売ることも可能だからだ。幸いにも現在の資本は身内で固められ特許は友人が保有しているので、友人と会社を簡単に分離できそうにない。であればベンチャーキャピタルも、ある程度はコントロールできる。

また、ベンチャーキャピタルは、投資判断を会議で行うタイプのところではなく、技術のわかる個人が基本的に1人で判断するタイプのところがいいと考えた。投資判断が合議制だと時間ばかりかかり、友人の技術を判断できないリスクがあるからだ。技術の価値を判断できるベンチャーキャピタリストで、さらに会社を育成し価値を高めてくれるところがいい。

ある有名なベンチャーキャピタリストに面談し、友人の会社の技術と置かれた状況を説明すると、すぐに興味を示した。あたりまえだ。売り先の候補がすでに3社もあるのだから。うまく天秤にかけながら交渉すれば、高値で売り抜けるストーリーが描ける。私は30代のとき、イスラエルのスタートアップへの日本のベンチャーキャピタルからの投資事業を推進していた経験があるため、こういう交渉は得意だ。

最終的に友人とベンチャーキャピタリストの面談日程を固め、これで最終判断に持ち込めば、この案件は確実にクローズできると踏んでいた。しかし面談前日に、友人からその予定をキャンセルしたいという電話があったのだ。

顧客トラブルのためだという。

たった1日、その顧客トラブルに社長が立ち会ったとて、何もできないだろう。今回の面談は〝運命の分かれ道〟になることを伝えた。面談キャンセルの撤回を迫ったのだ。しかし彼はこう言った。

「別のチャンスもあるよ」と。

私としては、友人に頼まれてやったことなのに、という思いがあったので、その後こちらからコンタクトすることはなかった。しかしCOVID-19が収束し始めたころ、4年ぶりに友人から電話があった。

2年前に交通事故にあったという。3か月の車椅子生活と3か月のリハビリで、なんとか仕事ができるようになったが、COVID-19でビジネスは縮小してしまった。限界なので、会社をたたもうと取引先に連絡したところ、M&Aが成立したそうだ。いまは買収された会社に机があり、アドバイザーとして週1回通勤しているという。

その話を聞きながら、やはりあのときのベンチャーキャピタリストとの面談は〝運命の分かれ道〟だったと確信した。あのとき投資が決まっていれば、有利な立場で

M&Aを成立できたのではないか、という思いが瞬時に頭をよぎった。

幸運の女神には前髪しかないという。

「好機」は、そのタイミングでとらえるものだ。後からはとらえられない。何事にも時がある。仕事が忙しく、そのときは「好機」に気づかず数年後に気づくことがある。

「仕事が忙しい」は最も「好機」を見失いやすいキーワードだと、しみじみ思わされたエピソードだ。

これを客観的に考えると、友人の時間のとらえ方は24時間という時計が刻む時間でしかなく、出来事の偶然性から生まれたタイミング、チャンスという「好機」の認識はなかった。たとえ「好機」の存在を知っていたとしても、忙しさに追われ、幸運の女神が目の前にいたことに気づかなかったのだ。

みなさんは、私の友人の例をどう考えるだろうか。

すべての出来事に時がある。
求めるに時があり、失うに時がある。
保つに時があり、放つに時がある。

黙すに時があり、語るに時がある。
人生には時がある。
(旧約聖書「コヘレトの言葉」より)

このように時間を考えると「好機」という幸運の女神の存在に気づきやすい。「仕事を減らす」ことの価値は、ここにある。

人生を左右する「好機」を見過ごしてしまうほどの忙しさは何の意味もないのだ。

Uber も Zoom も WeWork も、それぞれの「好機」を逃していたら、いまの姿にはなりえなかっただろう。

この例を通じて考えていただきたいのは、次の2つのどちらを信じるかだ。

選択❶ どんなに忙しくても「好機」をものにできる

選択❷ 「仕事を減らす」ことで「好機」をものにする確率を高める

図8　仕事のやり方全体を「引いて考える」

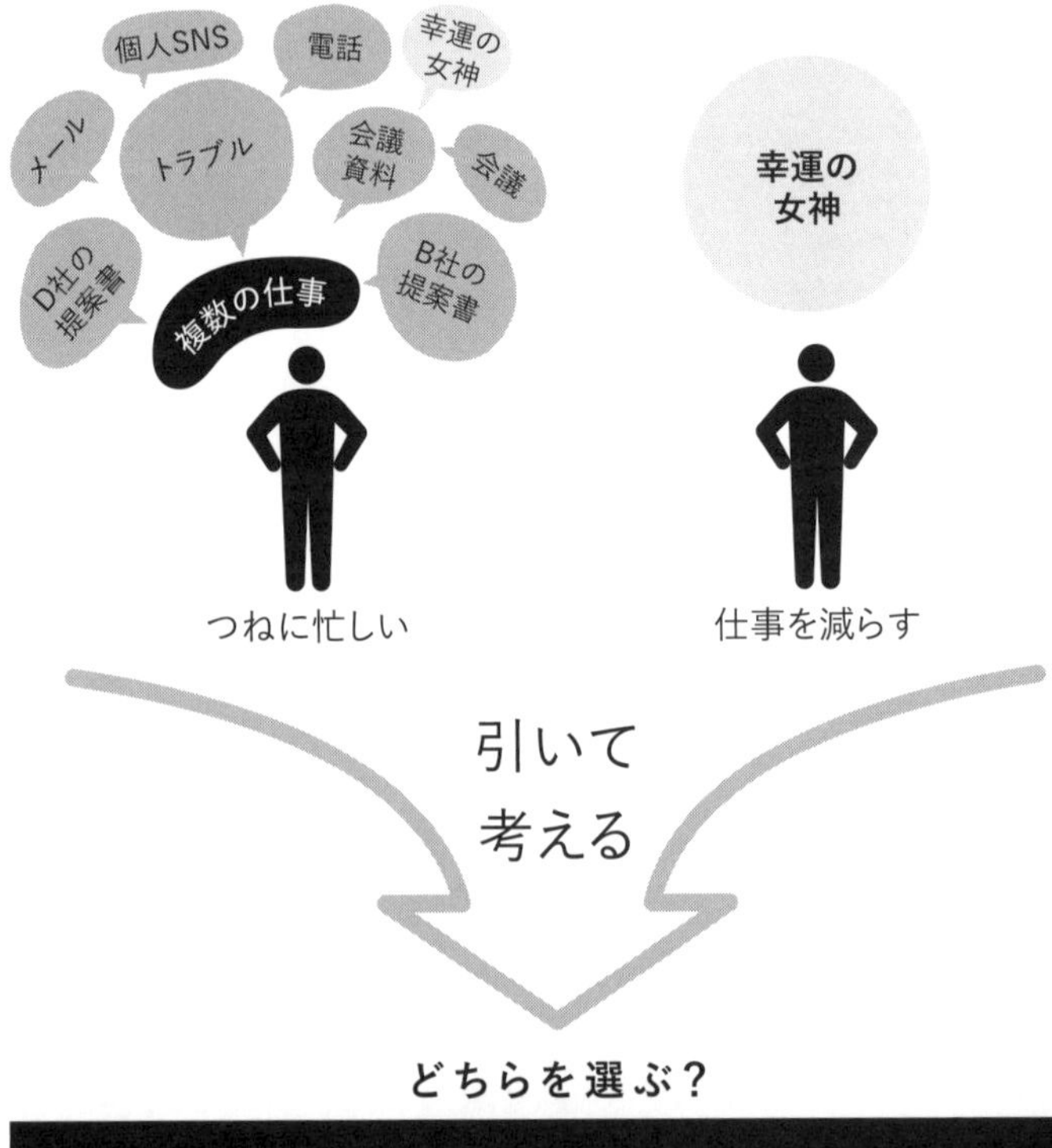

- 忙しいと、好機が目の前にあったとしても気づかない
- 仕事を減らしておくと、いつでも好機に気づきやすい

選択❶を信じるなら本書は必要ない。幸運を祈る。選択❷を信じるなら本書は役立つ。仕事を劇的に減らす方法がまとめられているからだ。

すばやく成果を出し自由な時間を増やす

次は減らすべき仕事の時間についての話をしよう。仕事の時間とは、昼間働いている会社員なら平日の朝から夕刻までを指す。その場合、可処分時間は24時間のうち睡眠や食事、仕事（通勤）を除いた自由な時間だ。

この自由な時間（可処分時間）は競合過多のレッドオーシャンだ。少しでも充実させたいと考え、かけた時間に対する満足度が重視される。

24時間という誰もが一定に与えられた時間のなかで、自由時間を除く睡眠や食事の時間は大きくは削れない。ここを削ることで、もしも病気や不調を抱えてしまったら「好機」どころの騒ぎではない。特に睡眠時間は削らないほうが無難だ。そうなると大きく減らせるのは仕事の時間しかない。

「引いて考える」ことすらせず、仕事時間を言われるがまま最優先に取っている人は人生で大きな損をしている。なぜなら仕事時間こそが、削減できる可能性に満ちたブルーオーシャンだからだ。

冒頭でも申し上げた通り、私は1日1時間しか働かない会社員だった。

会社に要求された仕事が早く終わったら、社内でほかの仕事を見つけて働き続けるべきという考え方もある。自分自身がそれをやりたくて選択するなら、それもいい。そうでないなら、仕事が早く終わったことを内に秘めて自分がしたいことに時間を費やすべきだ。もちろん会社に求められる成果が出せさえすれば、の話だが。

あなたは本音と建前を分けている？

従業員エンゲージメントという指標がある。これは自発的な貢献意欲や愛社精神など、従業員と会社の双方向の結びつきを指すものだ。私の場合、１日１時間で仕事が終わったら、それ以上やろうとは思わない。従業員エンゲージメントが低いのは確かだが、それよりも自分の人生を大切にしたいからだ。

では世界各国での従業員エンゲージメントは、どんな状況だろうか。

ＩＢＭが以前、28か国の社員１００名以上の企業・団体に所属する社員（フルタイムの従業員）約３万３０００名を対象に従業員エンゲージメントの調査を行った（IBM Software Technical Whitepaper「The many contexts of employee engagement」より）。

調査の具体的な項目は、組織の成功に貢献しようとするモチベーションの高さ、組織の目標を達成するための重要なタスク遂行に向けて自分で努力しようとする意志の強さなどだ。

その結果はというと、インドでは77％。デンマークが67％、メキシコが63％、アメリカが59％、中国が57％、ブラジルが55％、ロシアが48％、イギリス、ドイツ、フランスなどのヨーロッパ先進国も40％台後半だった。日本はなんと31％。少し古い調査なので多少の順位変動はあれど、日本が下位にいることに変わりはないだろう。

この結果を見ると、日本の会社員は会社に求められる成果を上げるべきという建前が崩壊し、会社への貢献に価値を感じないという本音が漏れ出ているようだ。

会社のために努力するという姿勢は「努力が報われる」という期待感があってこそ。社員の自発的な意志からだけでは生まれにくいのだろう。

社員の本音と建前を一致させている31％の従業員を雇う日本企業は、社員の力をうまく引き出している。しかし、これは経営者の志だとかマネジメント能力とか、情緒的な部分が大きく影響するものだ。

ここで考えていただきたいのは、あなたは次の2つのどちらの姿勢を選ぶかだ。

姿勢❶ 本音と建前をすべて会社に捧げる

姿勢❷ 本音と建前を分けて考え、建前としての成果は出す姿勢❶を選択するなら本書は必要ない。「仕事を減らす」ことで創造された時間を会社が必要とする別の仕事に充てよう。姿勢❷を選ぶなら、成果は出すが仕事は短時間で終わらせ、残りの時間は自分に投資すべきだ。

あなたの給与は誰が支払うもの？

「好機」「本音と建前」について、考えを整理できただろうか。
次に示すのは、ある自動車メーカーの商品設計、製造、販売、サービスのすべてに責任をもつ役職者へのアンケート結果だ。

あなたの目標性能を満足させようとする意識が働く理由は？

a）お客様に喜ばれたいから（18人、69％）
b）専門家の高い評価を得たいから（0人、0％）

c）会社の重要方針だから（0人、0％）
d）役員の期待に応えたいから（0人、0％）
e）競合車を凌駕したいから（5人、19％）
f）自己実現のため（0人、0％）
g）その他（3人、12％）

あなたの目標原価を達成させようとする意識が働く理由は？

a）良品廉価な製品をお届けしたいから（11人、42％）
b）会社の利益に貢献したいから（6・5人、25％）
c）役員の期待に応えたいから（0人、0％）
d）競合車よりたくさん売りたいから（0人、0％）
e）達成しなければならないものだから（6・5人、25％）
f）その他（2人、8％）

ここで言う目標性能とは、ガソリン1リットルで何キロ走るかという燃費性能、事故を起こしたときに乗員や歩行者を守る能力である安全性能などを指す。目標原価とは、市場価格や競合車種の原価などを参考に自動車メーカーが設定した製造原価だ。

このアンケートはトヨタ自動車の製品企画部のチーフエンジニア（CE）26名を対象に行われたものだ。アンケートの母数としては少ないと思うかもしれないが、トヨタ自動車のチーフエンジニアとは、1つの車両に対して設計から製造、販売、保守まで全責任を負う責任者を指す。つまり**カローラ、レクサス、プリウスなど、26車種の責任者へのアンケート**ということだ。

トヨタの部長職は1ミリも上司を意識せず仕事していた

チーフエンジニアは部長職に相当するので上司は役員だ。しかし、このアンケートにあるように、目標性能も目標原価も「役員の期待に応えたいから」と答えた人は1

人もいない。つまり上司の目を意識した仕事はしていないということになる。その代わりに「お客様に喜ばれたいから（69％）」「良品廉価な製品をお届けしたいから（42％）」と顧客を直視している。

トヨタ自動車は世界でトップの販売台数を誇る自動車メーカーだ。しかも日本企業でトップの利益を稼ぎ出す。その**トヨタ自動車の利益の90％以上は、このチーフエンジニアがつくり出した1台あたりの目標原価達成から生まれている。つまりトヨタ自動車の利益の源泉は、チーフエンジニアが生み出したもの**なのだ。

このアンケート結果からは、彼らは自分の給与は会社からというよりも顧客からもらっているという感覚が強いであろうことが読みとれる。

一般的に人事評価は、年度始めに上司と部下が合意した目的（オブジェクト設定）に従って上司が行う。したがって部下は、どうしても自分の評価を握っている上司のほうを向いてしまいがちだ。その上司が顧客を向いて評価していればいいが、彼らの上司を向いていたら長期的に大きな問題を抱える。顧客がほしい、使いたいと思えるような商品やサービスではなくなっていくからだ。

会社による社員の評価は、ハイパフォーマー（上司が手放したくない人）、ミドルパフォーマー（普通という評価の人）、ローパフォーマー（数年連続で評価が低い人）の3つに大別される。比率は会社によって違うが、1：8：1とか、0・5：8・5：1と、圧倒的にミドルパフォーマーの比率が高いのが実情だ。

ハイパフォーマーやローパフォーマーに入らないかぎり、評価は大勢のなかの1人でしかなく大きな差はつかない。どんぐりの背比べだ。

1万人の企業で、役員以上になる可能性のある人材は1％と言われている。つまり「引いて考える」と、社内での評価が上位1％以内という自覚がないなら会社からの評価を必要以上に恐れることなどない、という結論に至る。

トヨタ自動車のチーフエンジニアのように、顧客を真正面からとらえ、そのために働くという姿勢は販売台数に反映され、企業の利益に直結する。このように顧客から認められる喜びは大きい。結果、社内からも認められる。

あくまでも給与は顧客からもらっている。

会社は、そのお金を分配しているだけ。

こう考えると自分の仕事に誇りがもてる。CEOであれ部長であれ平社員であれ、給与は顧客から支払われた商品やサービスへの対価が分配されている。

では、あなたは給与をどう考え、どちらの人生を選ぶだろうか。

給与❶ 給与は会社からもらうものと考える

給与❷ 給与は顧客からもらうものと考える

給与❶の人生を選ぶなら、本書は参考にならない。処世術の本のほうが役に立つだろう。給与❷を選ぶなら、仕事が喜びの時間になる。

経営者は、どちらの考えの社員を好むだろうか。

図9 給与について「引いて考える」

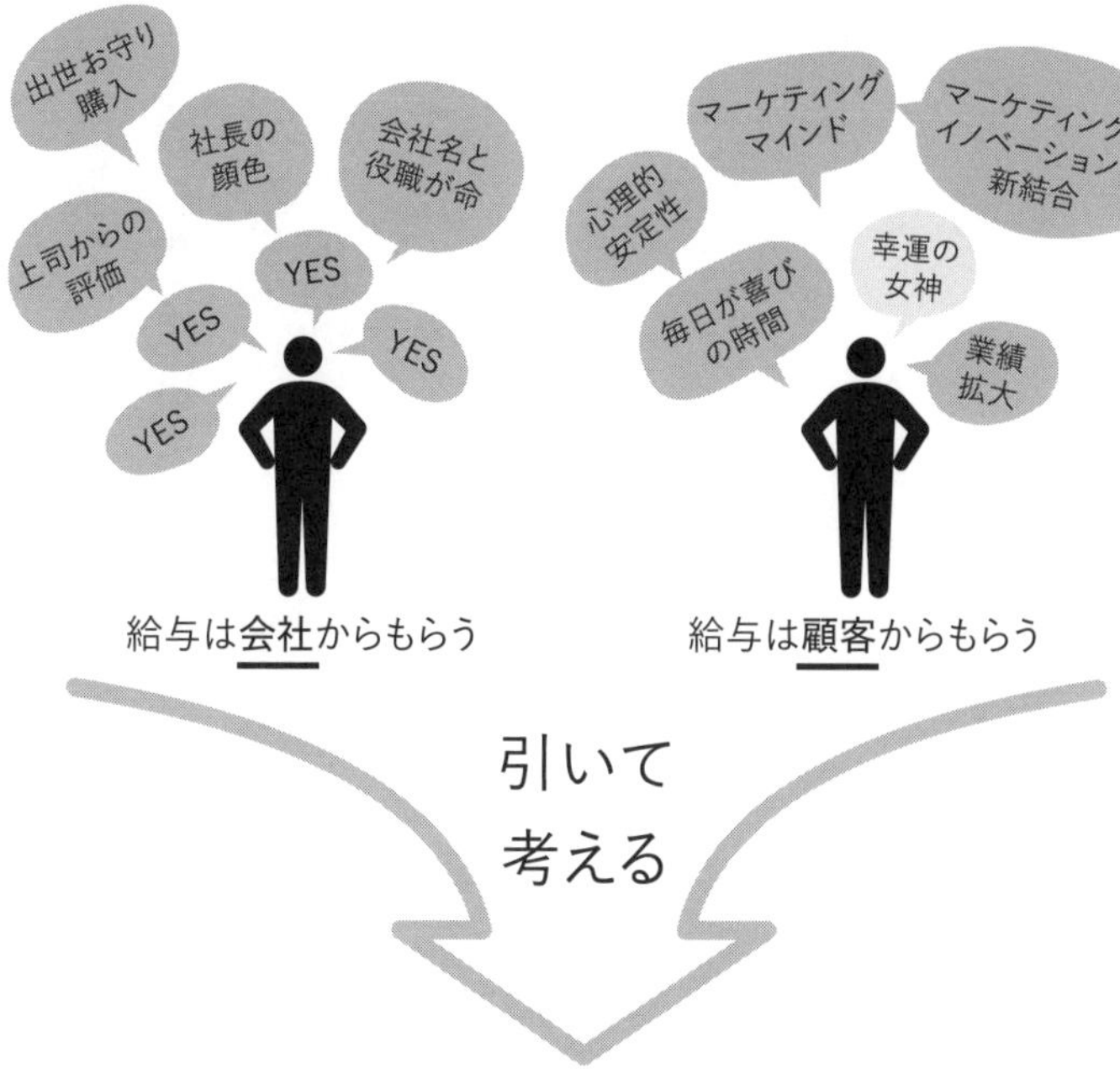

どちらを選ぶ？

- 処世術の本を熟読し、有力者を見極めて社内政治に尽力する
- 顧客指向で考えるスキルを身につけ毎日の仕事が喜びの時間に

おそらく、ほとんどの経営者は給与❷の社員を好むはずだ。なぜなら給与❶の社員が多いと、組織はぶら下がり人間の巣窟となり、自分のことにしか頭が回らない人たちの嫉妬と怨念が渦巻く組織と化してしまうからだ。

もちろん、そんな組織でイノベーションが生まれることはないだろう。

誰を見て仕事をするかは、人生を左右する重要な選択だ。

あなたの手のひらは何のためのもの？

次に考えるべきが、あなたがお金を得るシステムについてだ。給与を含め、私たちがお金を得るということは、どういうシステムで成立しているのだろうか。

富裕層が多いといわれるユダヤ人による子どもへの教育は、お金を得るシステムを明確に教えてくれる。

イスラエルの小学校の集団教育に「こびとの1週間」という行事がある。これは、くじによって誰が誰にプレゼントしたかわからないようにし、お互いの贈り物を交換するイベントだ。子どもたちは朝早く登校し、贈り主がわからないようにして贈る相手の机に手づくりなどの贈り物を置く。

ユニークなのは、このこびとの1週間が始まる前に、先生が子どもたちに次のことを伝える点にある。

「今日からあなたの手のひらは、人からものをもらうためだけにあるのではなく、人にものをあげるためにあるのです」

子どものころは人からプレゼントをもらうのがうれしかった。しかし大人は、人にプレゼントすることが喜びになる、と先生は言う。つまり大人と子どもの違いは、この手のひらの機能の違いだと生徒に教えるのだ。

では、会社が顧客に与えられるものは何だろうか。商品でもサービスでも、会社が販売するものに顧客は対価を支払う。つまり会社が与えたものに顧客がお金を支払っていることになる。

会社を手のひらと考えると、手のひらに商品やサービスを載せて顧客に渡すことでお金をもらっている。会社組織に属する会社員は、それぞれの手のひらに役割があり、顧客に直接与えている人と、間接的に与えている人がいるということだ。

手のひらに何もない人にはお金は集まらない

あたりまえだが、私たちが何かを購入するとお金と交換された何かを得る。つまり、何かを与えるからこそお金が集まるのだから、何かを与えないかぎり、お金は集まらないということになる。

したがって、あなたが会社を辞めたり定年になったりすると、何か与えられるものが手のひらに載っていないかぎり、お金は得られないということになる。人生100年時代に考えなければならないことは、ユダヤ人のこびとの1週間が示すように、人に与えられる何かをそれぞれの人がもつことなのだ。

その価値が高ければ、お金には困らないということになるが、与えられるものが労働時間しかないとしたら、選べる仕事はかぎられてしまう。

このことからも、その会社でしか通用しない知識やスキルだけでなく、ポータブルスキルを身につける必要性が高いことがわかる。

ここで改めて考えていただきたいことは、あなたの手のひらは、次の２つのどちらかということだ。

手のひら❶　あなたの手のひらは、人から何かをもらうためのもの

手のひら❷　あなたの手のひらは、人に何かを与えるためのもの

手のひら❶を選んだ人は、人からもらえるものにしか興味がないだろう。それでは金持ちになれないとユダヤ人は言う。手のひら❷を選んだ人は「仕事を減らす」こと

で生み出した時間を、ぜひ人に与えられるポータブルスキルを身につける時間に費やしてほしい。なぜなら、それが多くの人に喜ばれるものなら、その喜びに比例した報酬を得られるからだ。

Coffee
Break

「PLAN B」と2タイプの上司

〝言われた通りやってたら人生終わる〟なら、言われた通りでない方法を「引いて考える」「組み合わせ」「試す」の3ステップで考え出そうというのが本書である。

これは、つまり誰かに指示されたやり方や従来通りのやり方に対し自分の頭で考えて代替案（オルタナティブ）を出すことになる。

英会話でよく使われる「PLAN B」というフレーズをご存じだろうか。

これは「第2案」「次の手」を意味する、代替案を指す。

この「PLAN B」（代替案）を提案する習慣が身につくと、上司から極端に嫌われるか、極端に好かれるかのどちらかだ。たとえば「そのやり方より、こっちのほうがベターだ」とか「より効果を出したいならこっちがいい」などと言ったら、あなたの上司はどう反応するだろう。

上司❶「とにかく業務命令は業務命令だ」と何も考えず怒る

上司❷「素晴らしいアイデアだ、従来のやり方を考え直そう」と褒める

反応は2つに分かれる。上司が上司❶のスタンスだとしたら「PLAN B」を受け入れる器ではないので、どんなに理不尽でも言われた通りやるしかない。上司❷なら、自分の能力はどんどん高まり組織にも大きく貢献できる。このように会社員の人生は、上司とその上司、最終的にはトップの器に左右される。

現在、顧客関係管理市場でトップシェアを誇るセールスフォース・ドットコムで

上級副社長を務めるピーター・シュワルツが、グローバル石油エネルギー企業であるシェルの戦略プランニング・チームのリーダーをしていたときの例で、さらに考えてみよう。

シュワルツは1983年に、シェルの経営陣に対し、ソ連（ロシア）の未来を研究することを提案した。

しかし経営陣は、シェルのビジネスにおいてソ連は重要ではないと結論づけた。ヨーロッパには政治的な理由で「市場の35％以上はソ連に開放しない」という非公式協定があり、シェルにおける原油や天然ガスのビジネスへの影響は大きくないという判断だ。

この段階でシェルの経営陣は上司❶だったのである。

それでもシュワルツはソ連の研究を続けた。

ソ連の原油と天然ガスの埋蔵量は世界最大級で、シェルが発見したノルウェー沖北海の水深300メートルに眠るトロールガス田より巨大というのは、周知の事実だった。そしてソ連の天然ガスは北海のガス田より低コストで採掘できる。

トロールガス田の開発が進めばヨーロッパに天然ガスを供給することになるが、ソ連よりは高価になる。「35％の非公式協定」に守られていなければ、ひとたまりもない。

だとしたら、いずれシェルは発見したトロールガス田から低コストで安定的に天然ガスを回収する600万ドルのプラットホーム（当時史上最大の可動建造物、単一の機械としては最も高価なもの）の投資判断を迫られるはずだ。

冷戦が終わることを予言したシュワルツ

研究を続けたシュワルツは「冷戦は終結する」と考えた。

冷戦が終結したらソ連とNATO諸国との関係は好転する。35％の枠も撤廃され、シェルはトロールガス田の競争力を高めるために巨額の投資判断を迫られる。このような「PLAN B」を準備したのである。

歴史が示すように、その後ペレストロイカが起こり冷戦は終結した。

ここでシェルの経営陣は即座に上司❷に変化し、シュワルツが準備した「PLAN B」によって、競合他社よりはるかに早く大きな投資を決断できた。それによって、いち早くソ連との価格競争に適応できたのだ。

このとき35％の枠を撤廃してしまったおかげで、ロシアの天然ガスへの依存度が高まったヨーロッパは、ロシア・ウクライナ戦争によってロシアに天然ガスの供給を絞られ、エネルギーコストの異常な高騰に見舞われることになった。

余談だが、シュワルツは「PLAN B」だけでなく「PLAN C」「PLAN D」という複数の未来シナリオを描き、それぞれの対策を準備していた。このように複数の未来予測を未来完了形でシナリオ化し、対策を準備しておくことを「シナリオ・プランニング」という。

これは企業参謀やエンタープライズ・リスクマネジメント（ERM）に必須の考え方だ。

第4章

会社を巻き込みダイナミックに「仕事を減らす」

「引いて考える」ことで営業に関わる人の「仕事を減らす」

小さなイノベーションは、個人やチームの「仕事を減らす」ためだけのものではない。部署を横断して「仕事を減らす」ことも当然可能だ。むしろ、こちらのほうがドラスティックに仕事を減らせる。

その一例として、多くの人がたずさわるB2Bビジネスでの「売る業務」で、どうすれば仕事を大きく減らせるかを、私の実体験をもとに紹介しよう。「売る業務」が業種や会社ごとに千差万別なのは承知しているが、個別具体的に紹介すると膨大な量になるし抽象化しすぎるとイメージしにくいので、このくくりにした。「仕事を減らす」対象をマーケティング、新規営業、既存営業の3つに分類し、なるべく業種や会社の違いに影響しないよう配慮したが、ご自身の業務にぴったり合わない場合は「引いて考える」ことで構造を応用いただければ幸いだ。

買い手の視点まで「引いて考える」

営業の仕事は、相手の買う条件がそれぞれ違うことを認識できるかどうかで、無駄な仕事を減らせるかどうかが大きく変わる。ものさえあれば売れる時代は過ぎ去ったため、たとえ同じ商品でも相手によって売り方を変えないと売るのは難しい。**そして相手に合った売り方を考えるには、まず相手を知る必要がある。**

しかし過去の成功体験からか、営業担当にはそれぞれ売り方の型がある。私は相手によって売り方を変える人に会ったことがない。誰に対しても同じ売り方をする営業が圧倒的多数なのだろう。「引いて考える」「組み合わせ」「試す」という思考の3ステップに入る前に、売る相手をどうとらえるべきか整理したい。

砂漠で水を売る営業か、砂を売る営業か

最初に相手を分析するかどうかが、無駄をたくさん抱えた仕事に休みなく従事するか、仕事を減らして自分の時間を確保できるかの分かれ目となる。まず相手が、以下のどれに分類されるか考えてみよう。

- 商品やサービスの特徴を理解している
- 商品やサービスを理解はしていないが何か問題を抱えている
- 問題意識がない

これらの分類によって売り方はまったく異なる。

問題意識のない人に、どれだけ商品やサービスを熱心に説明しても相手は消化不良になるだけだ。部署や業務にどんな問題があるかわかっていない状態で、かぎりある予算を使って買うという決断をするのは難しい。

このような顧客に、よりわかりやすい商品説明を試みたところで効果は薄い。まず何が問題かを見つけ出すことが必要だ。

営業の「仕事を減らす」には、相手によって効果的な売り方を選択しなければならない。では、どんな売り方があるのだろう。

「売る業務」にはどんな種類があるかを生成AIに問いかけたところ、B2Bビジネスの営業は次の3つのタイプに分類できることがわかった。

①「目に見えるものを売る」プロダクトアウト営業

パソコン、サーバーなど「目に見える商品」はスペックと価格があり実物まであるため、顧客も何を買うか明確にイメージでき購入を決断しやすい。**プロダクトアウト営業の経験を積んだ人は、商品やサービスの機能を説明しながら売ることを得意とす**

る人が多い。極論だが、eコマースサイトに置き換えられるのがプロダクトアウト営業と考えてもいい。

②「問題の解決策を売る」ソリューション営業

顧客が認識している問題に、自社の商品・サービスや、必要であれば他社のサービスを「組み合わせ」て解決策を提案する営業。この営業は、プロダクトアウト営業の経験が豊富な人には難しい。商品の魅力を語るのと解決策を提案するのは、同じ営業でも違ったスキルが必要だからだ。また、目に見えないサービスを売るときに、お互いが違ったイメージを抱くこともある。

③「課題を発見して解決策を売る」インサイト営業

顧客が気づいていないインサイト（潜在ニード）を発見し、解決策を提案する営業。ここでは、その会社でしか通用しない知識やスキルでは太刀打ちできない。**相手のことを深く考え、その相手も気づいていなかった本当にほしいものを発見するなどのポータブルスキルが必要になる。**

図10 営業の数と顧客の数は反比例する

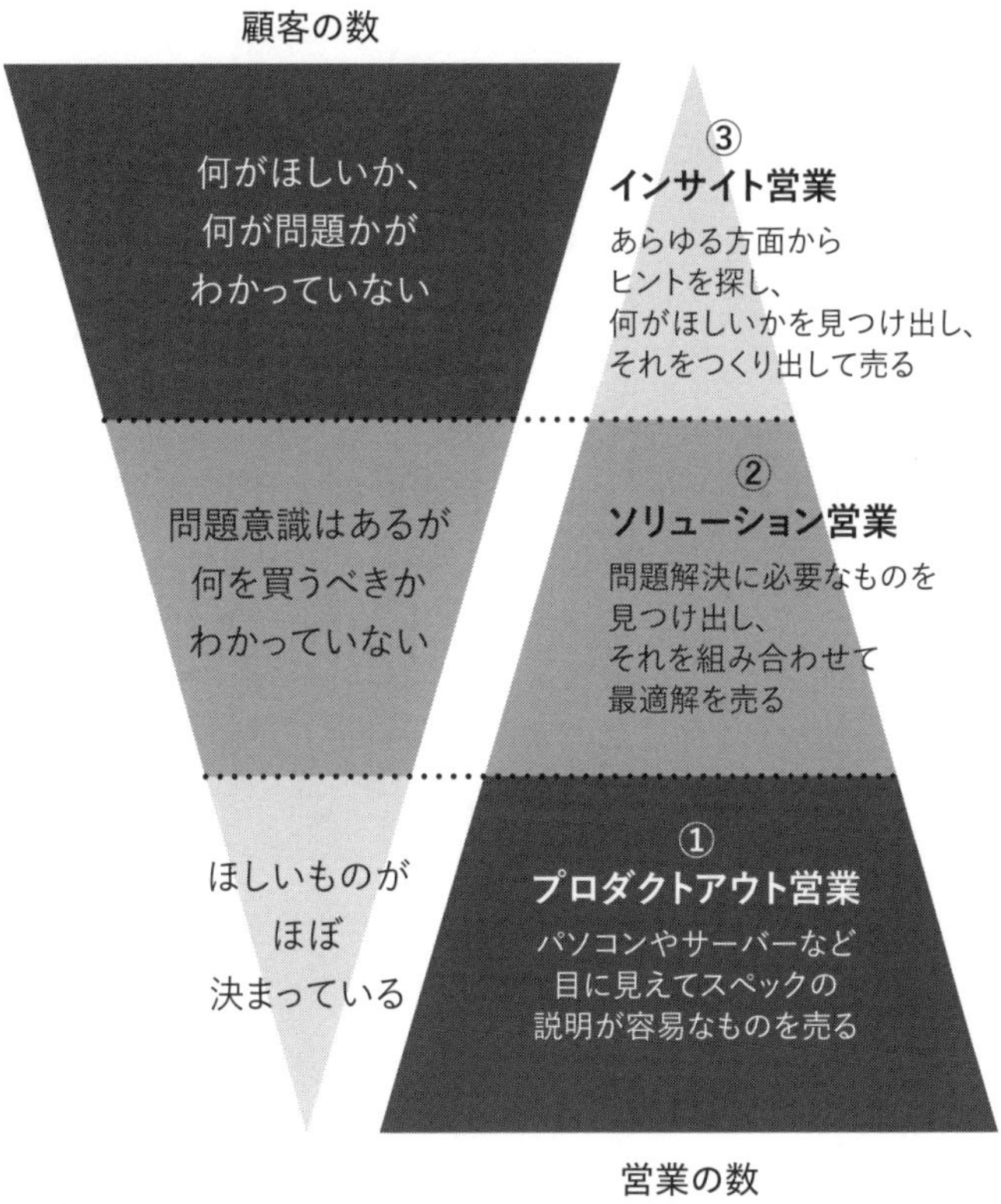
顧客の数
何がほしいか、
何が問題かが
わかっていない
③
インサイト営業
あらゆる方面から
ヒントを探し、
何がほしいかを見つけ出し、
それをつくり出して売る
問題意識はあるが
何を買うべきか
わかっていない
②
ソリューション営業
問題解決に必要なものを
見つけ出し、
それを組み合わせて
最適解を売る
ほしいものが
ほぼ
決まっている
①
プロダクトアウト営業
パソコンやサーバーなど
目に見えてスペックの
説明が容易なものを売る
営業の数

一般的にプロダクトアウト営業は、自社の製品やサービスの説明に特化しがちで、他社の製品やサービスとの比較も得意だ。この営業から購入する顧客は、そのプロダクトを必要としている人に絞られるだろう。

ソリューション営業は、ある程度自社の問題点を把握している顧客から、その問題点を聞き出すことから始まる。顧客の抱える問題点に自社プロダクトやサービスを適応させることに成功すれば、成約件数はプロダクトアウト営業より増えるだろう。なぜなら、それまでプロダクトの必要性を感じていなかった顧客にも売ることが可能だからだ。

そのため営業部員を多く抱える企業は、顧客の問題を明確にするSPIN営業のような手法を教育することで、能力の底上げをはかっている。

SPIN営業とは、イギリスのニール・ラッカムによって提唱された営業手法だ。SPINとは、Situation（顧客の状況を把握する）、Problem（顧客に問題を気づかせる）、Implication（問題の重要性を認識させる）、Need-payoff（理想のあるべき姿をイメージさせる）の４つの頭文字を取ったもの。

この４つの視点から質問することで、顧客がほしいものをさらに明確にして効果的な営業活動を行えるようにする。

問題意識のない人の前ではソリューション営業は無力

ただしソリューション営業（SPIN営業）を成立させるには、顧客側に問題意識があることが前提だ。

たとえば「新入社員の頭数を確保・育成するだけでは会社の成長が停滞するので異質な人材を発掘・登用するしくみが必要」という問題意識がある人事部長が顧客なら、それに対するソリューションを提供すれば大いに喜ばれる。**何の問題意識もない人事部長に、異質な人材を発掘・登用するしくみを提案しても煙たがられるだけだろう。**問題意識をもっていなければ、どんなトークも馬の耳に念仏だ。

たとえばIT部門の責任者が、人事ローテーションで経理から異動になった人だとすると、その人に画期的なITのしくみを創造することは難しい。なぜなら、そもそもその職務の知識がないため問題意識も乏しいことが予想されるからだ。問題意識のない人に問題点を聞き出すのは無理がある。どんなに洗練されたSPIN営業の手順で質問したとしても、答えが明確に返ってくることはないだろう。

ちなみにこのIT部門の責任者のようなタイプは、そのときのブームに乗る傾向が強い。DXが流行ればDXのプロジェクトを考えなしに立ち上げ、失敗する。AIがブームになればAIのプロジェクトを立ち上げて失敗する。残念ながら一部のIT部門では、このような悪循環が続いている。

このIT部長のように、問題点を認識できていない顧客にはソリューション営業は不向きだ。顧客が気づいていない課題を発見し、解決策を提案するインサイト営業が効果的だ。

営業がインサイトを示せれば、ソリューション営業より成約件数を上げられるだろう。しかしインサイト営業は、知識やスキルとして会社が身につけさせるのが難しい。なぜならインサイトの発見は創造性の領域になるからだ。

顧客のタイプと自分の営業タイプを考え「仕事を減らす」

このように営業と顧客をそれぞれ「引いて考える」と、自身の得意な営業スタイルによっては売ることの相当困難な顧客がいることがよくわかるだろう。

自分がプロダクトアウト営業タイプなら、問題意識はあるけれど何がほしいかわからない顧客に幾度となく熱心に自社商品を売り込んでも、なかなかうまくいかない。問題意識すらない顧客であれば、なおさらだ。

マッチングが難しく長期間決着しない顧客というミッションインポッシブルに挑戦するのもいい。だが「仕事を減らす」なら、その顧客をあきらめて別の顧客に当たったほうが、より少ない労力で営業成績を上げられる可能性が高まる。

長期間決着しない顧客に、自分のいまのスタイルで営業し続ける時間を、問題解決能力を上げたりインサイトを発見したりするための「組み合わせ」や「試す」時間に充てれば、いまより簡単に顧客を獲得できるようになる。しかも顧客側からすれば「押しの強い営業」が「頼りになる営業」になってくれるわけなので、双方にメリットがある。

これが「仕事を減らす」の醍醐味だ。

Coffee Break

グローバル企業が抱える大きな問題点とは

前述したように、私が従事していた仕事はグローバルリスクマネジメントだ。

具体的には、グローバル企業が海外進出する際に送り出す海外赴任者や出張者が、病気やケガに見舞われたとき、あるいはテロや災害に巻き込まれたときにサポートをする仕事だが、ここでは海外赴任制度におけるインサイトを発見した一例を紹介する。グローバルビジネスに興味のない人は、この部分は読み飛ばしていただいて結構だ。

日本の海外赴任制度は１９７０年代の第一次オイルショック後（インフレで景気が悪い、いわゆるスタグフレーション環境下）に始まった。

ところが今回の世界的なCOVID-19のパンデミックを経て、この海外赴任制度には限界があると、ほとんどのグローバル企業が気づいた。

ニュースでも報道されたように、インドやインドネシアなどでCOVID-19が蔓延すると、海外赴任者が続々と帰国せざるを得なくなってしまったのだ。これでは現地のビジネスがストップしてしまう。今後、COVID-19とは別のパンデミックも起こるだろう。

さらに、ロシア・ウクライナ戦争、台湾有事、中国のスパイ法の強化、テロの脅威など、海外赴任者を取り巻くリスクや不確実性は高まるばかりだ。

しかも海外赴任者は年々高齢化し、既往症や持病が心配されている。一方、日本の若者は海外赴任を嫌う傾向が強く、パスポートの取得すらしない人が増えている。さらに社命とはいえ、無理に海外赴任をさせると、労災事案になるようなメンタルの問題に陥る人もいる。追い打ちをかけるように、日本の労働人口の減少はとどまるところを知らない。

日本人の海外赴任者だけで、グローバルビジネスを拡大することは、もはや限界に達していると言えるだろう。

これが、日本のグローバル企業が抱える隠れた問題点（インサイト）だ。

パンデミック下でもＩＴ業界は事業が継続されていた

この問題が海外の外資系グローバル企業ではどうかを調べると、たとえばＩＴ業界の外資系現地法人は本社からの海外赴任者ではなく、現地籍のカントリーマネージャーがマネジメントをするのが通例とわかった。彼らは熱心に顧客を訪問し、意見を集約して本社に掛け合いつつ品質向上をはかり、現地ならではの需要に合わせた施策を実施することで顧客の信頼を勝ち取っていく。それゆえパンデミックでも、その国の事業は持続できた。

つまり、完全に現地化しているのだ。

別の知識を得るためにさまざまな企業の例を調べると、ある研究会に行き着いた。大手自動車メーカーの海外労務の責任者が、海外赴任者をゼロにすることが目標だと発言すると、参加していたほとんどのグローバル企業の海外労務の責任者も、程度の差はあれ同感だと発言していた。また、別の研究会では、すでに現地化が進み、海外赴任者がアメリカ１名、中国１名で１兆円以上を売り上げているという事例が担当役員から発表されていた。

メディアにも取りあげられていたが、ある女性経営者は、惰性となってしまった日本人の海外赴任制度から現地籍の人による運営という現地化（ダイバーシティー経営）に舵を切り、着実に成果（株価）を上げている。

つまり一部のグローバル企業は、すでにインサイトではなく顕著化した問題としてこれを認識し手を打っているのである。

リスクと不確実性は違う。リスクは起こりうる結果や確率がわかっているものを指し、不確実性は予測できない事象や影響を指す。したがって、海外赴任者や出張者のリスクマネジメントというと、たとえば台湾有事の可能性などが現時点では考えられる。

不確実性の観点からは、新しいウイルスによるパンデミックなどが考えられる。グローバル企業のリスクマネジメントとしては、台湾有事が起きたとき、影響する国（台湾、中国）から海外赴任者や出張者を退避させる手段を、事前に用意しておく必要がある。

しかし、これらのリスクマネジメントを「引いて考える」と、台湾や中国のビジネスを、責任者を含め現地籍の社員だけでできるようにしておけば、リスクだけでなく未知のウイルスなどの不確実性の高い問題が生じたとしても、事業の持続性を担保できる可能性が高いことがわかる。

また、一足飛びに完全な現地化が難しい場合、海外赴任者と現地籍社員の組み合わせ（ペア）を、過渡的プロセスにすることも有効だ。

ペアになることで、お互いの仕事が共有できれば、1年後に海外赴任者が帰任したとしてもスムーズな現地化への移行が可能になる。

日本のグローバル企業には現地化のノウハウが必要

日本にはグローバル企業が1000社ほどある。

そのうち大手300社程度が現地化に舵を切るためには、誰かがそのノウハウを共有できるしくみ（小さなイノベーション）をつくる必要がある。そうすれば、従来の海外赴任制度は創造的に破壊され、現地化という新しい市場が生まれる。このように新たに効率的な方法が生み出され、それと同時に古い非効率な方法が駆逐されていくことを、シュンペーターは経済発展といった。

これは日本のグローバル企業におけるインサイトの一例だが、この営業活動は、顧客にインサイトを認識させることが中心となるため、プロダクトアウト営業やソリューション営業とはまったく違うアプローチが必要になる。

3つのステップで営業業務の構造改革をする

ここからは、営業を軸にした売る組織全体を「引いて考える」ことで、各部門の関係性を見極めながら「仕事を減らす」やり方を考えてみる。これは同時に、売る組織全体の成果を上げる方法なので、ここではマネジメントの領域における具体例を示していく。

現在マネジメント職にある人やめざす人、あるいはマネジメント層にその必要性を提案する人には有効なはずだ。

ただし1つだけ注意点がある。

私の友人は、生産性を上げる方法が書かれた本を読んで感動し、彼の部署の責任者である副社長の机にメモ書きを添えて、その本を置いた。副社長と信頼関係があったためか、その本はすぐに読まれることとなった。

すると、その本に基づいた組織全体の生産性を上げるプロジェクトが始まり、友人はその責任者に抜擢されてしまったのだ。異例の大出世ではあるが、そのおかげで友人は夜遅くまで働くことになり、仕事が増えてしまった。

これが注意点だ。

会社を巻き込むことで各部署の業務は飛躍的に効率化され、業績は大きく上がるだろう。それと引き換えに仕事が忙しくなってもいいという人は、ぜひ3つのステップをご自身の会社にあてはめて考え、有効に活用してほしい。

もちろんマネジメントの仕事が増えるのは嫌だという人は、この部分は読み飛ばしていただいて結構だ。

ステップ1

売る組織を「引いて考える」

売る組織全体を「引いて考える」ためにマーケティング、新規営業、既存営業をひとかたまりとする。

それなりの費用をかけた大きな展示会で100件の見込み客を獲得したとしよう。その100件の内訳は個人もあり同業者もあり、単なる興味本位もありと、玉石混交の100件だ。

新規営業がしらみつぶしに100件にコンタクトしてみると、3件だけが営業活動の対象となる見込み客になった。そこから半年間の営業期間を経て1件が成約したとする。この確率で営業とマーケティングの責任者が10件の新規顧客を獲得したいとすると、理論的には1000件の見込み客が必要だ。マーケティングにコストはかかるし、新規営業が全部に当たるとしたらかなり忙しくなる。ならばマーケティングの段階で売れそうな見込み客かどうかの自動判別ができれば、新規営業の負担は激減するはずだ。

そのためにITテクノロジーを用いてプロセスを自動化しようというのが、現在のマーケティング業界の流れだ。月々のサブスクリプション費用が数万円から数十万のITツール（マーケティング・オートメーションツールなど）を、運用コンサルなどを活用しながら、数十万円から数千万円程度の費用をかけて実装し、見込み客を顧客に育成する過程で絞り込みを行う。

このようにマーケティング→新規営業→既存営業という順で考えると仕事が増え、人件費がかさむ方向になる。それを避けるためにITツールにお金をかけるというのが一般的な流れだ。

コストではなく頭を使って「仕事を減らす」

ここからは、いよいよ売ることを「引いて考える」。
単純な問いだが、営業はなぜ営業するのだろう。
売りたいから。
なぜ、売りたいのだろう。
インセンティブがもらえるから。
ならば、顧客はなぜ買うのだろう。
買ったものを使うから。
使って役に立たなければどうなるのか。
そこから二度と買わない。あるいは返品する。
逆に、使って効果があったらどうなるか。
顧客は満足し、信頼が生まれる。

信頼が生まれたらどうなるか。

同じ会社から別のものを買う可能性が高まる。

マーケティングだ、新規営業だ、既存営業だ、デマンドセンターだ、と細分化して考えるのではなく、それらは売ることの一部だと「引いて考える」。そうすることで、マーケティングや営業が仕事をするのは「使ってもらう」という売ることの使命が見えてくる。

売り切りではなく、サブスクリプションモデルでのビジネスが普及していくなか、「使ってもらう」を売ることの使命と考えられるかは、今後ますます重要になってくるだろう。

使命　使ってもらう

ここではB2Bビジネスを対象に考察しているが、B2C流通業で成功したパン・パシフィック・インターナショナルホールディングス（ドン・キホーテ）の経営理念も参考になるので、紹介しておこう。

「第二条　いつの時代も、ワクワク・ドキドキする、驚安商品がある買い場を構築する」

この経営理念では、店舗を「売り場」ではなく「買い場」とし、顧客視点で表現している点がおもしろい。

売り場を「買い場」とする逆転の発想

営業と名乗るほとんどの人には「営業=売ること」という固定観念がある。
同じようにB2Cの店舗をもつ流通業は、売れる「売り場」をつくるという固定観念がある。それをぶち破ったのが、この理念だ。売り場をデザインするのではなく「買い場」をデザインすると考えるのだ。すると買う人にとって本当に必要なものや期待している体験がなんなのかが見えてくる。

「売ることの使命は使ってもらう」

これは「引いて考える」ことによって視点を自分中心から顧客中心に移したこと（デセンター思考）から生まれた考え方だ。序章で紹介したチョークの足型という小さなイノベーションでも、母親のみの視点から一歩引いて子どもの心情まで含めた視点に移したが、それと同様の考え方だ。

ドン・キホーテの「買い場」という発想とB２Bビジネスの「使ってもらう」ためという使命は根本的には同じで、視点を顧客に移している。仕事の当事者になると、いつの間にか視点が近づく。「引いて考える」習慣がつくと、その罠から抜け出しやすくなるのだ。

ステップ2

「使ってもらう」という使命に「組み合わせ」る知識を探す

売ることを「引いて考える」と、その使命は「使ってもらう」ということが明らかになった。ステップ2では「組み合わせ」になる知識がないかを探す思考の旅が始まる。まず自社内にヒントがないかを探してみる。

自社のチャットなどで「売ることとの使命は使ってもらうことだ。使ってもらうためには、どう売ったらいいか」と問いかけてみた。すると誰からも返事がない。ルーチンワークを繰り返している人たちは、仕事の使命を考えることが、ほぼないようだ。ということは、同僚に先を越される心配はない。この安心感を得るためにも、社内での確認は欠かせない。

自社になければ、生成AI、SNS、書店をぶらぶらする（本）、Google検索などで「同業他社やほかの業界」の事例（知識）を探してみる。

残念ながら今回は、それらからは「組み合わせ」られそうな知識は見つからなかった。「組み合わせ」に行き詰まってしまったときに、ふと他社の仕事を減らした自分の経験を思い出した。

過去の経験も当然「組み合わせ」の対象だ。

1990年代のことだ。当時はインターネットの普及により、自宅にいながら買い物ができるeコマースが今後大きなビジネスになると誰もが夢見て、たくさんのサイトが生まれた。ちなみにAmazonが設立されたのは1995年、楽天が設立されたのは1997年である。

当時の私は、トヨタ自動車の物流エンジニアリング部門（現在の豊田自動織機　トヨタL&Fカンパニー）の生産技術の人たちと、トヨタ生産方式（TPS）だけを販売するお手伝いをしていた。先の例で言うところのソリューション営業である。

長ネギのみじん切りから得た「仕事を減らす」発想

eコマースには物流倉庫がつきものなので、ネット注文後のプロセスにトヨタの生産方式を活用することが目的だった。その案件に、ある餃子の全国チェーン店の作業改善があった。

長ネギは多くの場合、数本がテープで巻かれて販売されている。それらを仕入れてまな板に載せテープを切る。その後、みじん切りにしてラーメンなどの薬味にする。このプロセスをまな板の上という逆（後工程）から考えると、テープがついていない長ネギを仕入れればテープを切る作業は省けるとわかる。なおかつ出荷する農家も、テープを巻く手間が省ける。

この長ネギを切る工程の改善例という小さなイノベーションで、店舗と農家の仕事を1つずつ減らせることがわかった。

図11 「仕事を減らす」ために逆から考える

長ネギを切る工程の改善

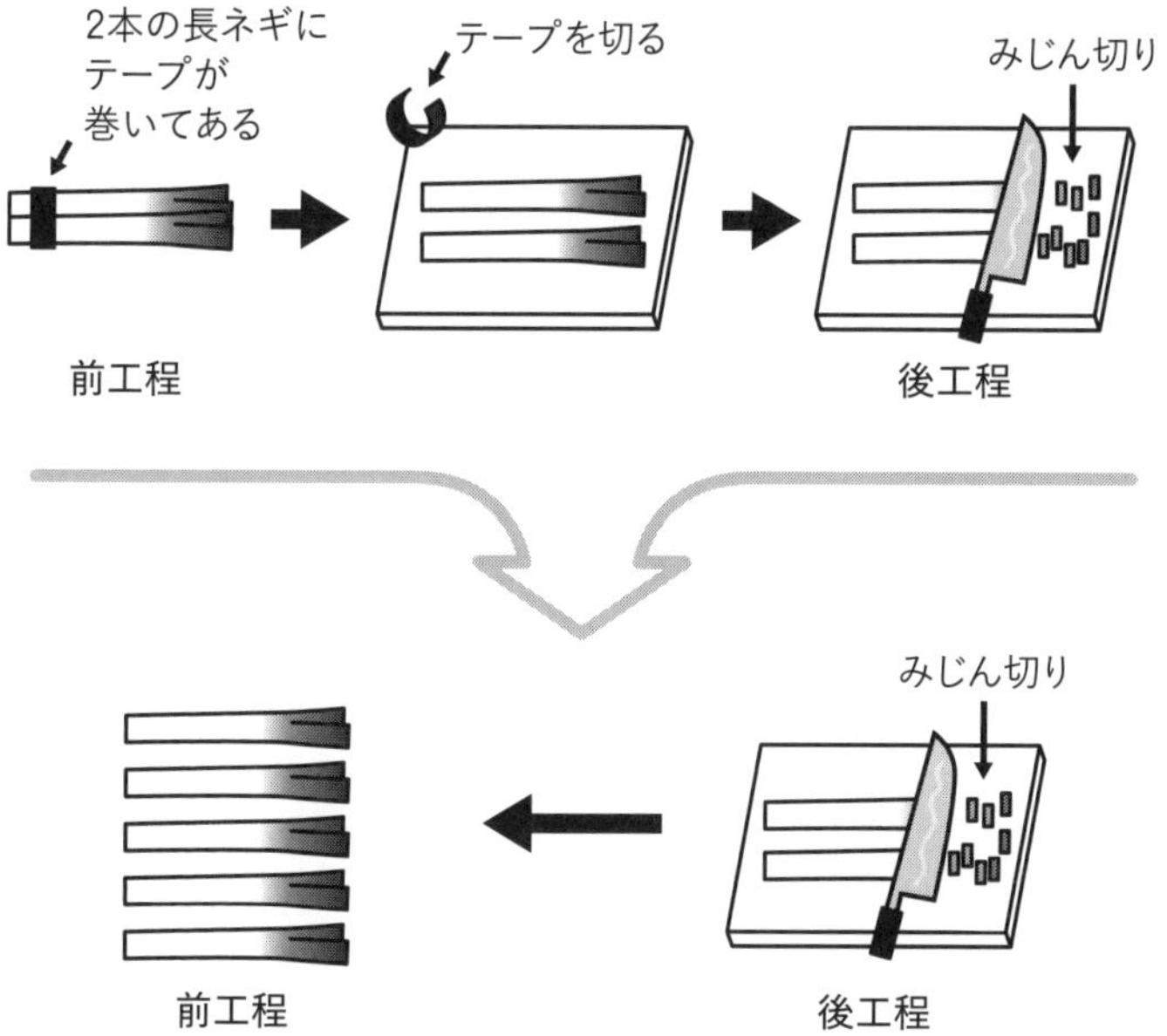

後工程から考えると、テープの巻かれていない長ネギを仕入れればテープを切る作業が減る

長ネギを切る工程と売ることの「組み合わせ」ができないだろうか。両者はあまりにもかけ離れているので「組み合わせ」に使う発想はなかなかない。

しかし**とりあえず組み合わせてみる習慣がつくと、脳の回路がつながりやすくなるのか、まったく違う知識の「組み合わせ」を思いつきやすくなる。ここに努力や労力は必要ない。**

長ネギを大量にみじん切りにしようとすると通常、どうなるか。

まずテープで束ねた長ネギを大量に仕入れる。まな板に乗せるためにテープを切り、まな板に乗せてすばやく切る。この作業を繰り返すだけだ。さらに10倍のみじん切りが必要なら、みじん切りを自動化できる機械を導入することになる。

おやっ！　ここで何か気づかないだろうか。

見込み客が100件だったのを10倍の1000件にすると、確度の高い見込み客を営業に渡すためにＩＴツールを導入することになる、という図式と同じだ。長ネギとマーケティングに共通点が見つかった。

①長ネギを仕入れる　→　見込み客を集める
②テープを切る
③みじん切り　→　見込み客を育て絞り込む
④料理に使う　→　新規営業が営業する

こうして比較してみると、たしかに似ている。

ここで「④料理に使う」という観点から長ネギを考えてみよう。長ネギは薬味なので、風味が大切だ。大量に切っておくと風味が落ちる。

長ネギは客足のピーク時に合わせて数本をみじん切りし、そのほかの時間帯は1時間に1本ずつ切ったほうが風味を保てる。そういえば見込み客も、あまり時間を置くと気持ちの変化が起きてしまう。

一度に100件の見込み客リストを営業に渡すより、平均5件の見込み客が日々コンスタントにあって、合計すると月に100件（5×20日）あったほうが、営業は1件の見込み客に丁寧に対応できるはずだ。

「④料理に使う」という後工程から「③みじん切り」を考えると、風味の観点から一度に大量にみじん切りする必要はない。後工程の「③みじん切り」から考えると、「②テープを切る」という工程は無駄なので、テープで巻かれていない「①長ネギを仕入れる」ことができれば仕事は減る。

人はどうしても「①長ネギを仕入れる」「②テープを切る」「③みじん切り」「④料理に使う」という流れで物事を考えがちだ。そうすると必要以上の長ネギを切り、風味が落ちるという結果になってしまう。

④→③→②→①と逆の流れで考えると、「②テープを切る」という工程が無駄だとわかるし、みじん切りを自動化する機械も不要とわかる。

現在のマーケティング業界では「①見込み客を集める」「③見込み客を育て絞り込む」「④新規営業が営業する」という見込み客の情報が流れる順で考えているケースが多い。したがって多数の見込み客を新規営業に渡すには、ＩＴツールで自動化が必要という固定観念にハマっている。

みじん切りを自動化する機械がいらなかったように、**新規営業が求めているのは数は少なくとも質の高い見込み客で、量ではない**のである。

逆から考えるだけで簡単に問題が解決することも

デジタルマーケティングに仮想の顧客像（ペルソナ）を取り入れて、ターゲットを絞ったことがある。そのときの考え方もまったく同じで、顧客像を絞り込んで、それにマッチする質の高い見込み客だけを新規営業に渡した。

このときはWeb広告にかけるマーケティング費用をゼロにして、見込み客の数は少ないが従来の5倍以上の成約件数を獲得した。見込み客は多ければいいのではなく、自社のサービスにマッチし購買に結びつきやすい見込み客を絞り込んだほうが、余計な「仕事を減らす」効果があるし、成果にもつながりやすい。

ここでは、マーケティングのプロセスだけを長ネギを切る工程と比較して考察したが、見込み客という情報の流れで考えると、売ることはマーケティング↓新規営業↓既存営業という流れになる。

長ネギを切る工程は、実際の仕事の流れと逆の順序で考えることで「仕事を減らす」ことができた。同じように売ることも、情報の流れと逆に考えれば「仕事を減らす」ことが可能ではないか。つまり「長ネギを切る工程」と「売ること」の「組み合わせ」だ。

長ネギを切る工程がそうだったように、見込み客という情報の流れを後工程から考えると「仕事を減らす」ことができるに違いない。この小さなイノベーションを「逆から考える」と名づけよう。

使命　使ってもらう

手段　逆から考える

今回の小さなイノベーションは、生成AIを使うこともなく、SNSからヒントを得ることもなく、本屋をぶらぶらすることもなく、検索を使うこともなかった。餃子の全国チェーン店での例と「組み合わせ」ただけだ。これは私自身の過去の経験が、新しい「組み合わせ」につながった例だ。

通常、餃子の生産を行う人は工場内にいて店舗に行くことはない。eコマースサイトのデザインをしている人は、物流倉庫のピッキングの現場に行くことはない。物流倉庫にいる人はWeb広告のことは知らない。

しかし餃子のチェーン店がeコマースサイトで餃子を販売する場合、Webサイト、工場、倉庫のすべてが注文に基づいて連動することになる。ここで必要とされるのは、自分が把握できていない仕事をしている人の知恵や知識だ。

たまたま私の場合は、流通業や餃子のチェーン店のコンサルをした際の知識があったから「組み合わせ」につながった。つまり異質な仕事と触れる機会があったから、今回の「組み合わせ」が生まれたのである。このことからも同じ会社で同じ仕事をただ繰り返すだけでは新しい「組み合わせ」は生まれにくいことがわかる。

ある研究所では、ランチは同じ部門の人と同じテーブルでは食べないカルチャーがあるという。そうすることで自分の問題意識を他部門の人に披露し「組み合わせ」のための知識を得ることができるのだ。

社内でも、できるだけ多くの異質な人と会うことが重要だ。同じ部門の人が群れたランチは、せっかくの創造性を磨く機会をつぶしているということになる。

逆から考えるという小さなイノベーションを活用

ここでは売ることのプロセスを明確にするため、マーケティング↓新規営業↓既存営業という見込み客の情報の流れと逆転させ、既存営業↓新規営業↓マーケティングの順で考えてみる。

A 既存営業プロセス

最終工程の顧客は、既存営業が担当する。ここでの小さなイノベーションは「逆から考える」なので顧客の視点で既存営業を考えてみる。

売ることの使命は「使ってもらう」なので、アップセル（顧客が現在利用している商品やサービスよりも高機能なものを提案）や、クロスセル（顧客が購入しようとする商品やサービスと一緒に使える商材を提案し客単価の向上につなげる）を行うことではない。

まず顧客の信頼を獲得する必要がある。

使うのが複雑なサービスや商品なら、既存営業はそれを確実に使ってもらうにはどうしたらいいかを考えなければならない。そこには日本の「技芸の歴史」が参考になるだろう。

技芸とは、美術、芸事、演芸などの技、腕前を指す。技芸の伝承においては、「師を見るな、師が見ているものを見よ」と言われる。弟子が師を見ているかぎり、弟子は自分からの視座しかない。つまり自分を基準に師の技芸を解釈し、模倣することになる。多くの伝統技芸はそうやって劣化し変形し、堕落し、滅びていった。

それを防ぐためには、師その人や師の技芸ではなく、師の視線、師の欲望、師の感動を見なければならない。そうすることで、師がその技芸を通じて実現しようとしていたものを正しく射程にとらえれば、時代の変化に飲み込まれることなく技芸は伝承されていく。劣化コピーを防げるのである。

代を重ねるごとに本業の概念を変えたトヨタ

トヨタグループの創業家である豊田家の「一代一業」の歴史も、初代の豊田佐吉氏は自動織機、二代目の豊田喜一郎氏は自動車、三代目の豊田章一郎氏は住宅、四代目の豊田章男氏は街（ウーブン・シティ）と、つねに時代とともに変わる顧客のインサイトを見つめ続けている。

先代と同じことをしているだけでは、創業の自動織機の市場が縮小した段階で滅びたはずだ。数百年続く老舗企業が「伝統は変わらないことではなく変化の連続だ」と言うのも、時代とともに変わる顧客を見つめ続けているからだろう。

とかくB2B企業の営業は、自社の取引先を顧客と考えがちだ。しかし、あなたの会社が部品メーカーなら、それらの部品を組み立てた完成品の購入者が顧客だ。技芸の歴史が示すように、自社の取引先（部品の納入先）を顧客と考えると、下請け組織は劣化し、変形し、堕落し、滅びていく。ならば自社の取引先の顧客が使うために何が必要なのかを提案できるくらいでなければならない。

製薬メーカーの営業なら、普段コミュニケーションし薬を採用してくれる医師を顧客と考えがちだ。しかし顧客は患者だ。

代理店営業であれば、どうやったらB2B2Cの最終工程にいる顧客が自社の取引先で買ったものを使ってくれるかを考え、顧客コミュニティー（ユーザー会など）を主体的につくるくらいでなければならない。

既存営業が、売ることの使命が「使ってもらう」と認識できれば、アップセルやクロスセルができる前提条件は〝顧客に使ってもらい満足してもらう〟となる。そう認識できたら余計な営業活動は不要だ。

まずは、より使ってもらうための施策を根気強く丁寧に行うべきだ。使ってもらうことを目に見えるかたちにすることも重要になる。たとえば使った回数や時間を指標（ＫＰＩ）にすれば、その推移を確認（見える化）できる。使われなくなったら、何が原因か、多く使われたら、その原因は何かを把握できる。原因を追究しきっちり対策を徹底する。

これだけのことをルーチン（ＰＤＣＡ）として繰り返せれば、最終工程の顧客は満足するだろう。そうなれば、次のステップであるアップセルもクロスセルも容易にできるようになる。

なぜなら、顧客からの信頼を得たからだ。

さらに、既存営業の仕事は、売ることではなく使ってもらうことになるため、余計な営業活動が削減でき仕事が激減する。私の場合、これによって既存営業の部署での仕事は1日1時間で終わるようになった。しかもサービスを使う顧客の満足度が大きく上がる。そうすると、その顧客企業内部での評価も高まり、顧客企業内でのアップセル、クロスセルの稟議もスイスイ通った。

つまり、顧客にとって買いやすくなるのだ。

方針 使ってもらうことを「見える化」

結果 顧客が企業として買いやすくなる

これは至極あたりまえの結論だ。

もちろん販売手数料を稼ぐために、つねに新しいものを売り込むという既存営業の方法もある。プロダクトアウト営業が蔓延した組織では、それでも褒められ認められ、その組織内だけでなら承認欲求は満たされるだろう。

一方「使ってもらう」ための営業は売り込まないので、すぐには成績が上がらない。使ってもらう努力を数か月続け、じわじわと効果があらわれる。しかし**1年もたてば劇的に仕事を減らし、顧客が買いやすくなるという素晴らしい営業環境を生み出す**のだ。サブスクリプションモデルであれ売り切りであれ、少し長いスパンで考えると成果が高くなるのはどちらか。それぞれの営業で考えてもらいたい。

身近な例では、巨大市場となった動画配信ビジネスのNetflixやHuluなども、観たいものがないと思われたら、すぐ解約されてしまう。それを知っているから彼らは次々と映像会社を買収し、世界市場を見据え予算をたっぷりかけた自社コンテンツに力を入れる。使われ続けなければビジネスが成立しないからだ。

B　新規営業プロセス

ここでの小さなイノベーションは「逆から考える」なので、新規営業が得た顧客に対する既存営業の視点から考えてみる。

既存営業にとって望ましいのは、ミニマムなものを売る新規営業だ。なぜなら顧客に使ってもらう範囲が限定されるため使われやすくなるし、安価なほうが購入者は増える。つまり、のちのちアップセルやクロスセルのチャンスも増える。新規営業に最高額のフル装備のものを売られると、アップセルやクロスセルの余地がなくなってしまう。

新規営業が最小構成のものを多くの顧客に販売すると、アップセルやクロスセルのチャンスが膨大に増え、既存営業の売上が急増する可能性が高い。

このことをもう少し考えてみよう。

契約が決まるまでに、見込み客とは何回か接触する。接触の方法は対面もあればオンラインもある。ここで次の疑問が湧く。

- 小額と高額とで、契約までに要する顧客との接触回数は違うのか
- 接触回数と成約できるかどうかが決着するまでの期間に関係はあるか
- 接触する部門や担当者は同じか違うのか

たとえば、A社は1万人の会社でB社は1000人の会社だとする。企業規模が10倍違うからといって、稟議に10倍の時間がかかるということはない。意外にも決着までの接触回数はあまり変わらないものだ。

商談が関与する部門が1つか複数かで管理を分ける

接触回数が変わらない理由は、同じ部門の同じ担当者に会うだけで契約をクローズ

できることが多いからだ。最初に訪問をし、予算やスケジュール、競合先を確認する。次に専門家（Pre Sales）と訪問し、プレゼンや質疑応答によって見込み客の疑問を晴らす。最終的に稟議から決着という流れだとすると、同じ担当者への接触は３回か４回ということになる。

この営業プロセスが同じでも、違う部門の違う担当者が商談に加わる場合、接触回数は極端に増え、企業規模により縦割り組織の壁の厚さが大きく影響してくる。複数の部門が絡むと、それらを超越した上位の役職者との接触が必要になるからだ。したがって必然的に商談は長くなる。

また、営業であるXさんの今期の売上達成率が80％、Yさんの達成率が40％だとする。同じ能力をもつ営業だとしても、XさんよりYさんのほうがクローズまでの期間が長い。達成率が低いと、どうしても成約しなければならないと考え、決着をズルズル延ばしがちになってしまうのだ。

これらから次のことが言える。

・接触回数に企業規模は関係ない。決着のための接触担当者が同一部門で1人なのか、違う部門も含む複数かで営業プロセスが異なる。この管理は分けるべきだ
・成約率を強調すると商談は長くなる。成約するか否かは別にして「決着件数」を管理すると1件の商談サイクルは短くなり、結果的に全体の成約件数は上がる

新規営業の方針は次の2つに集約された。

方針1　ミニマムな商品やサービスを売る
↓買われやすく、買われてからアップセルやクロスセルが見込める

方針2　同一部門、同一担当者の商談では、成約率より「決着件数」を意識する
↓相手の担当者が1人なら、交渉を長引かせても成約率はあまり上がらない
↓複数部門への営業は長引くので別管理にする

この2つだけで新規営業の仕事を劇的に減らせる。特に営業の仕事を「決着件数」

で考えると、仕事は激減する。成約できるかできないかを必要以上に考えやすい成約率が評価対象だと、無駄な仕事をしがちだからだ。

方針　決着件数を重視する

「決着件数」を重視することは「仕事を減らす」だけではなくクローズ件数を増やすことにつながる。

見込み客が少ないと商談がダラダラ長くなってしまい、余計なプレゼン資料をつくるような作業が営業活動だと勘違いしがちになる。なぜなら**売れそうな商談を抱えているフワフワした状態は、営業にとって心地いいからだ。**

「引いて考える」と、この心地よさにどれだけの意味があるかに気づける。

前年比190%全国1位の成績を叩き出した決着営業

「決着件数」でマネジメントすることで、新規営業部門の成果を大きく上げた例を紹介しておこう。

大阪のトヨタ系自動車ディーラーでの話だが、見込み客（彼らはホットと呼んでいる）を隠したり、すぐ接触しなかったりという例が当初たくさんあった。特に営業がITツール（顧客関係管理）で管理されるようになると、そこに入力しないケースが出てきてしまったのだ。

人間は基本的に管理されるのが嫌いだ。

マーケティング部門からの見込み客を新規営業担当が営業リストに入れないのも、入れると管理・評価されるからだ。マネジメントの指標が成約率の場合、あたりまえだが売れない責任は営業がすべて負うことになる。

そこでこの会社では、マネジメント指標を成約率から「決着件数」に変更した。そ

図12 「決着件数」を管理すると業績が上がる

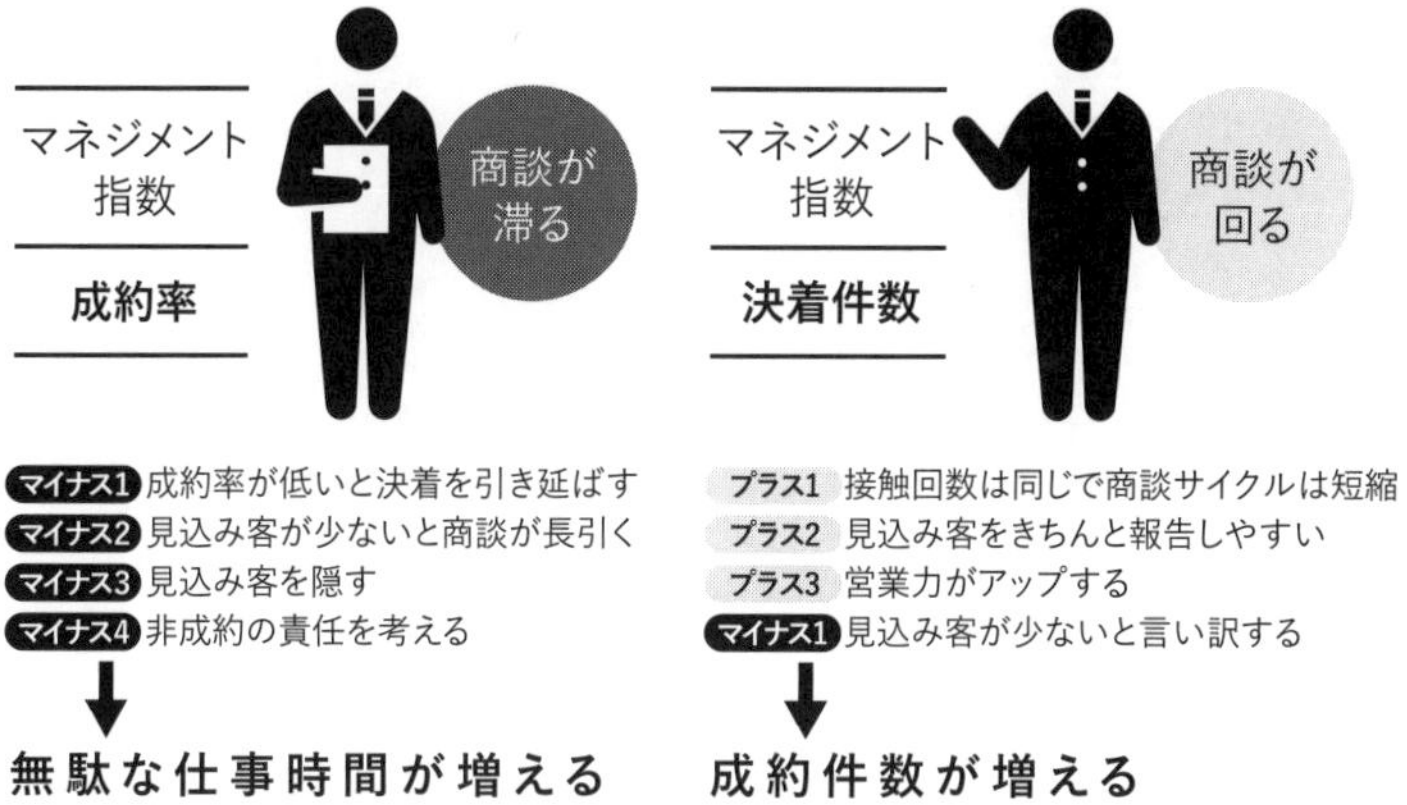
マネジメント指数
成約率
商談が滞る
マイナス1 成約率が低いと決着を引き延ばす
マイナス2 見込み客が少ないと商談が長引く
マイナス3 見込み客を隠す
マイナス4 非成約の責任を考える
無駄な仕事時間が増える
マネジメント指数
決着件数
商談が回る
プラス1 接触回数は同じで商談サイクルは短縮
プラス2 見込み客をきちんと報告しやすい
プラス3 営業力がアップする
マイナス1 見込み客が少ないと言い訳する
成約件数が増える

れによって決着をズルズル延ばすことを防ぎ、どんどん短期決着させる方針に転換したのだ。

すると、数をこなすことで営業力（コミュニケーション能力、製品知識、顧客理解、プレゼン、交渉力など）が上がり、受注件数（成約件数）と「決着件数」がリンクするようになっていった。

結果、受注件数（成約件数）が全国１位の前年比１９０％となったのである。売上目標１００％以上を必要としなければ「仕事を減らす」ことになり、それ以上やると仕事が増えるが、どちらを選ぶかは自由だ。

各営業が成約率でなく「決着件数」を競うようになると、売れた理由や売れなかった理由などのノウハウが共有されやすくなることも大きい。

新規営業のマネジメント指標を「決着件数」にする唯一のマイナスは、見込み客が少ないという言い訳をするリスクがあることだけだ。これを防ぐには、必要な見込み客数を確保する必要がある。

C マーケティングプロセス

マーケティングを「逆から考える」と新規営業の「決着件数」が重要指標となる。新規営業が「決着件数」で管理されていると、マーケティングがやることは簡単だ。売れそうな見込み客の数を揃えるだけだ。

売れそうな見込み客の数を揃えることのボトルネックは1つしかない。

「売れそうな見込み客」の認識がマーケティングと新規営業とで違うことだ。**マーケティングは「見込み客をリスト化しても営業がフォローしない」、新規営業は「マーケティングはロクな見込み客をくれない」という対立になりがちだ。**

このボトルネックの原因は、デジタルマーケティングツールの存在も大きく影響している。ツールは、Webサイトへのアクセス数が一定間隔で多い、メールからのリンクのクリック率が多いなどの情報を数値化し、B2Bビジネスでの「売れる確率の高い見込み客」と定義することが多い。

これをもとに営業がコンタクトすると、ロクな見込み客でなかったり忙しくてコンタクトできなかったりするため、両者のあいだに溝ができてしまうのだ。

しかし、これは表面上の問題であって、本質的には営業がフォローすることを決めた見込み客は、営業に成約する責任が生まれてしまうことによる問題とも考えられる。その責任が自分の判断で生じたのであれば仕方ないが、そうでない場合〝責任を押しつけられた〟ということになってしまうのだ。

最大のボトルネックは見込み客の成約責任を誰が取るかだった

京都のある制御機器のグローバル企業では、マーケティング部門に簡単な電話部隊をつくり、社外ではなく社内に確認の電話をすることで、この問題を解決した。

簡単な電話部隊と言ってもコールセンターのような大げさなものではなく、ある程度の年代以上の人を集めたパートやアルバイトによる小さな組織を指す。マーケティング部門が集めた見込み客を、それぞれの担当営業がフォローしたかどうか一人ひとりにやさしく丁寧に確認するためのものだ。もちろん、この機能をマーケティング部門でなく新規営業部門に置いてもいいだろう。

儒教カルチャーの国の場合、年上の人からのお願いに弱い人が多い。この電話1本で瞬時に営業による見込み客へのアプローチが確定する。新規営業が「決着件数」で管理されていれば、見込み客を成約に導くという営業の責任は消え去っているからだ。

コンサルタントにお金を払って複雑なシナリオを設計しＩＴシステムを実装するのもいいが、人間の感情の問題は人間が解決するのが手っ取り早いこともある。

このようにしてボトルネックを解消できたら、マーケティングプロセスは、次の方針だけをもてばいい。

方針 売れそうな見込み客を四半期にＸＸＸ件発掘し育成する

マーケティングプロセスのすべては、この目的に集約してもいい。企業規模によっては広報部門がマーケティングの役割を兼務したり、逆にマーケティング部門が広報の情報発信を担ったりする場合もあるだろう。マーケティング＝経営とまで言われているように、マーケティングは顧客創造の重要な手段である。

「決着件数」を重要指標にすることが新規営業のあるべき姿なら、マーケティングは売れそうな見込み客を四半期にＸＸＸ件発掘し育成する、そして新規営業と共有することに徹すればいい。

マーケティングを雑用係にしていないか？

売れそうな見込み客を四半期にXXX件発掘し育成する、新規営業と共有するという目標が明確になれば、緻密な計画を立てて、一つひとつのマーケティング施策を確実にこなし、四半期にXXX件の目標を達成するだけだ。

とかくマーケティングの仕事が会社の情報発信などを担うような〝雑用係〟になると、無計画な作業をこなすだけの存在となり、他部門の依頼によって仕事が増えてしまう。

したがってマーケティング部門が「仕事を減らす」なら、売れそうな見込み客を四半期にXXX件発掘し新規営業と共有する、などと方針を明確にすることが重要だ。

あとは計画的に手段をスケジュールに落とし込んで、丁寧に実施すればいい。

ステップ3

売ることを「試す」

売ることは次のように整理できる。

使命　使ってもらう

手段　逆から考える(小さなイノベーション)

A　既存営業プロセス

方針　使ってもらうことを「見える化」

B　新規営業プロセス
方針　決着件数を重視する

C　マーケティングプロセス
方針　売れそうな見込み客を四半期にXXX件発掘し育成する

「逆から考える」で生まれた、既存営業、新規営業、マーケティングの3つのプロセスには、それぞれに方針が必要だ。これらの方針に沿って仕事をすれば、仕事は減り成果は高まるという仮説が生まれた。

しかし、これらはあくまで未検証の小さなイノベーションなので、この仮説を「試す」必要がある。

私自身、これらの3つのプロセスを実証したことがある。そのなかでの注意点をまとめて、第4章の締めくくりにしたい。特に注意すべきは新規営業だ。

新規営業がマーケティングからの「売れそうな見込み客」を100％あてにする

と、新規顧客の獲得ができないことをマーケティング部門のせいにしてしまう。

これを防ぐためにも新規営業が自発的に攻めるターゲット企業を明確にし、売上目標の一部にすべきだ。件数というより、その地域や業界で影響力の大きい企業をターゲットにし、そこだけはマーケティングから新規営業までを自分たちの頭で考えて実施するのである。

それこそ電話営業から、その顧客が訪れそうな会合への参加などのリレーション営業、あるいは既存顧客への紹介依頼、部署と名前がわかれば手紙を書いてもいい。マーケティング部門と組んで、その企業に向けて特別なキャンペーンを行ってもいいだろう。

とにかく、ありとあらゆる手段で、ターゲット企業にアプローチする。特に、新規営業とマーケティングが連携することで、これまで生み出せなかったレベルの成果を期待できる。このやり方は複数部門にまたがる長期的な営業を必要とするため、同じ部門の同じ担当者の商談とは分けて管理したほうがいい。

新規営業が戦略的にターゲットとしたアカウントが獲得できれば、マーケットへの影響力は大きい。それは通常のマーケティング活動にもいい影響を与え、なおかつほかの新規営業を含めた成約率も高まるだろう。

Coffee Break

逆に考えた大野耐一氏

工場での生産や倉庫への入出庫を、普通に考えると次のようになる。

何かを1日に1000個つくらなければならない目標があるとする。その日に入荷されたものは、その日のうちに倉庫に保管するのがルールだ。1000個できなければ残業し、保管が間に合わなければ休日出勤する。

なぜ、この目標があるのだろうか。

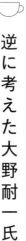

この時期は、これくらいの量が売れるだろうという予測があり、それからつくる量や保管しておく量が決められ、目標に落とし込まれる。

しかし需要予測はなかなか当たらない。本当は500個しか売れなかったのに1000個もつくったら、500個はお金を生まない在庫になってしまう。また、色や機能、仕様の違いなどが複雑な商品の細かい品番ごとに、適切な需要予測を立てるのは難しい。欠品は品番ごとに起きるからだ。

工場での生産や倉庫への入出庫を「引いて考える」。売れるだろうという予測をベースにした計画を目標にするのではなく、売れた分だけつくればいいと考える。しかし、想定以上に売れて顧客が買いたいときに店頭に並んでいなければ、売れるチャンスを逃してしまう。

ならば必要な分だけを中間に保管しておけばいい。ただし何が置かれているか、どの在庫が少なくなり始めているかを、誰でも一目で把握できなければならない。そうすることで欠品がなくなり、売るタイミングを逃さなくなるからだ。

コンビニの棚に並んでいる缶コーヒーを1本取ると、その奥の在庫が手前にスライドする。店員は、棚の後ろから売れた分の缶コーヒーを補充する。絶えず、棚には10本程度の缶コーヒーが保管されていて、棚の裏から見ると不足している（＝売れている）缶コーヒーが一目瞭然だ。

そしてコンビニの全店舗で、売れた分を発注する。缶コーヒーのメーカーは発注された分だけ出荷すればいい。すると過剰在庫のリスクもない。そして売れる好機の損失を防ぐために、適正な在庫をもつことができる。

普通に考えると、これくらい売れるだろうという需要予測があり、それをベースに目標を決めるが、このコンビニの例は、売れた分だけを補充するために適正な中間在庫をもつという考えがベースにある。

では、ものをつくる、ものを入出庫する1人の作業者の立場で考えてみよう。自分の仕事がより効率的になるような作業動線を考えたり、時間節約のためトイレを我慢したり、タバコを止めたりすることはできる。ホワイトカラーの人が、メールをToDoリストに仕分けたり5行で要点を書くようにしたり、メモを書いたりするのと同じように、多少は効率化できるが、たいした成果にはならない。

ならば1人の作業員にとって、需要予測で考える会社か、このコンビニのように売れた分だけを補充すると考える会社のどちらで働くのが幸せなのだろうか。

会社の方針次第で「仕事を減らす」ことが困難な場合も

需要予測は当たるという前提で経営している会社に対して、このコンビニのように「逆から考える」ほうが劇的に効率化をはかれると上司に上申しても理解されない場合、永遠の残業と永遠の休日出勤のリスクを抱えることになる。若ければ体力勝負でなんとかなるのかもしれないが、40代、50代ともなると無理も利かない。

会社からは、最先端のＡＩで需要予測と要員配置を行い、労働環境を改善させると言われている。しかし、なぜか残業と休日出勤は減らない。

この会社員に、第３章で紹介した私の友人が気づかなかった「好機」（幸運の女神）が訪れたとしたら、それをつかむことができるだろうか。

事故や病気で体を壊してから気づいても遅いことがあるのだ。

そもそも売れる見込みとは当たるのか、それをベースにした生産計画からの生産では無駄な在庫が発生してしまうのではないか、と従来型の仕事の常識を疑うことで、劇的に仕事を効率化した例がある。

それは、日本が世界に誇るトヨタ生産方式（ＴＰＳ）の本質で、プル生産システム（後工程から逆に考える）と呼ばれている。

余談だが、ＴＰＳを生み出した大野耐一氏が「物事をひっくり返して考えるのが好きだ」と語っているように、逆から考えたり、引いて考えたりすることで、仕事を減らす対象業務の使命や本質が明らかになる。その結果、生産であれ、営業であれ、同じように仕事を減らすことが可能なのだ。

第5章

仕事を減らし、できた時間で「人生を拡張する」

どんな環境でもしぶとく生き残る、たった1つの生存戦略

第1章から第4章までは「仕事を減らす」という観点から考察してきた。本章では、仕事を減らして創造された時間をどう使うかについて考えてみたい。

副業などに使うことも考えられるが、できた時間で「人生を拡張する」ほうが豊かな生涯を送れるだろう。

この「人生を拡張する」ことの必要性を若いうちに気づく人と、年老いてから気づく人がいる。

たとえ数十年にわたり超有名企業でダイナミックなグローバルビジネスを経験した人でも、定年後に自分が思い描いた活躍できる場に受け入れられることは稀だ。これは、本書でも指摘してきたように、その会社でしか通用しない知識やスキルは一般社会では使えないことを意味している。

どんなエリートも歳を取ると再就職は極めて困難

求人に応募したがレスポンスがまったくないことで、このことに初めて気づいて一念発起し、大学院に入学した、あるいは資格を取得したという例は人生100年時代を特集する報道でよく見かける。

定年後に気づくより定年前に気づいたほうが「人生を拡張する」選択肢が圧倒的に広がる。そこで本章では、定年後に気づく「人生三分割法」の落とし穴と定年前に気づき行動につながる「人生24時間法」を比較し、紹介する。

「人生三分割法」で考える

一般的な会社員の人生は次の三分割で構成される。

Ⅰ　人生の成育期（学習の時期）

年齢の目安は25歳ぐらいまでで、就学している非社会人の期間

Ⅱ　人生の収穫期（勤労の時期）

年齢の目安は25歳から65歳ぐらいまでで、成人し就職した社会人として、家族と社会を支える期間

Ⅲ　人生の成熟期（リタイアの時期）

年齢の目安は65歳以上で、定年し子育ても終わり悠々自適な人生を過ごす期間

定年は国や性別によって異なるし、中国、韓国は60歳、アメリカでは年齢差別禁止法から定年はない。どちらにしても、年金受給年齢と雇用は連動している。日本では70歳定年の企業もあるが、ここでは65歳とした。

人生100年時代で考えると、これまで常識化していた「人生三分割法」での生き方には無理がある。

定年から死ぬまでの期間が、あまりにも長すぎるのだ。

定年したら趣味に生きようと夢を抱いていたとしても、孤独と虚しさに悩まされる日々に終わるリスクが高い。

したいことができず、しなければならないことばかりでずっと時間に追われていた反動としての悠々自適な理想の余生は、じつは苦痛でしかないことが身にしみてわかるだろう。

人間は1人で生きられる存在ではないからだ。

いつでも大なり小なり社会に関わることが可能で、そのことで1人でもいいから喜んでくれる人がいれば、そこに喜びの時間や生きがいを見出せる。そのための負荷や努力は、小さなイノベーションでの「試す」と同様に、いずれ得られる幸福をつくり出す源以外の何ものでもない。

「人生三分割法」には、人生の成熟期を喜びの時間にすることが難しいという欠点がある。定年になってから、ゆっくりまとめて取り組もうと思っても意図した成果は得にくい。体には耐用年数があるためどんどん動かなくなるし、何かをしたいというモチベーションも逓減するものだからだ。

では、定年後も別の会社で働きたいと希望した場合を考察してみよう。有名な大企業で、それなりの実績があったとしても、定年後も働くとなると5、6社応募したぐらいでは面接に漕ぎつけることはないと考えたほうがいい。

そのことを明確に理解していただくために、58歳で初めて会社員になったときの経験を記す。

仕事を選ぶのではなく、選んでいただく

まず私は、募集している会社を選んで応募するという方法を取らなかった。なぜなら50代以降は年齢ではじかれる可能性が高いからだ。頭が硬くなり体も動きにくくなりがちな世代を採用するリスクはよく知られている。そもそも扱いにくい傾向にあるし、能力も上がるよりは落ちていくことのほうが多い。つまり50代以降は応募先を選ぶという姿勢ではなく、向こうから選んでいただくという姿勢がないと難しい。

さらに、募集側のジョブ・ディスクリプション（職務記述書）にぴったりハマるようなケースが少ないのが実情だ。転職とは、人材を調達する側にとっての、そのときの需要にハマるマッチング以外のなにものでもない。

募集側がビジネス上どうしても人材が必要なら、年齢に関係なくレスポンスがある可能性は高い。逆に、募集側がジョブ・ディスクリプションに固執しすぎていると応募者が減る。その場合、募集側はいつかハードルを下げ妥協する。

それを待てばいいのである。

私の場合は募集サイト（LinkedIn）で、業種も規模も関係なくランダムに100社程度応募を「試す」ことにしてみた。レスポンスするかどうかの判断は募集側のタイミングにあると考えたからだ。

最近の募集サイトは応募しやすいよう工夫されているので、短時間で簡単にまとめて応募できた。この応募ではインドの外資系ＩＴ企業1社からレスポンスがあった。面接を受けたが、残念ながら二次で落ちた。このとき、**海外ビジネスでの成功経験があっても58歳では1％のレスポンス率という経験と知識を得た。**

半年後に96社に応募した。レスポンスは2社からあった。1社はグローバルな製薬会社のＩＴ部門、もう1社は、外資系のグローバルリスクマネジメントの会社だった。ＩＴの仕事は30年以上やってきたので新鮮味がなく、グローバルリスクマネジメントの会社を選んだ。２回目のレスポンス率は約２％だ。

転職活動に厳然と存在する年齢フィルター

ターゲットを絞って応募するとレスポンス率は上がる。ただ、それは20代、30代、40代ぐらいまでの応募方法だろう。50代以上になると極端にレスポンス率は下がる。なぜなら扱いにくい年上の部下をもつことに抵抗を感じる人が多いからだ。

私のまわりの50代で仕事を探している人は、営業、技術とさまざまだが、年齢を重ねるたびに転職に苦労している。**通常の精神構造だと、10社も応募してレスポンスがないと、世の中に自分は必要ないのではないかと落ち込んでしまう。**

こんなときは自分の問題にするのではなく、年齢に依存する確率論で考えたほうがいい。応募した企業からのレスポンス率は、たとえば50代前半なら５％、40代は10

%、30代は20%と若くなるほどレスポンス率が高くなるだけのことだ。

私が半年の期間をおいて96社応募したように、数十社の応募を年に一度、あるいは半年に一度と定期的に行うといい。なぜなら、ある程度の経済環境の変化があれば、間違いなく人材が新陳代謝するからだ。

この応募経験をどう感じただろうか。私の経歴が悪いのだろうか。それとも、58歳になると100社程度に応募しても1～2%のレスポンス率しかないのだろうか。くどいようだが、これが現実だ。ならば65歳の定年をすぎていたら何%のレスポンス率になったのか。

このことをわざわざ書いた理由は、20代、30代、40代の人にも、近未来の現実を想像し、実感してほしいからだ。生きていれば誰もが50代にも60代にも70代にもなる。20代や30代の人からするとはるか遠い未来の話と感じたとしても、その世代を経験した私の感覚からすると、あっという間だ。

40代の人は、まばたきしているあいだに50代になると考えていたほうがいい。もちろん定年になったとしても、ツテがあって取引先に就職できるという恵まれた立場の人もいる。そうでない場合、年齢を重ねるたびに転職できる確率はどんどん下がる傾向にある。

人に与えられるものをポータブルスキルとしてもつことの重要性を、第3章ではユダヤ人の手のひら思考を例に紹介した。

収入を増やすために副業をし、定年を迎えたとする。その後、なかなか転職ができず、ツテもなく再就職もできなかったとしよう。そのときのあなたに、人に与えられるものが何もなければ、どうすればいいのだろうか。

健康なら、肉体を使って労働時間を与えるという手段は残る。適度な運動ができるので、健康対策にもなるから悪くはない。

本書が「仕事を減らす」ことをテーマにした最大の理由は、あなたが自由にできる時間を、人に与えることができるポータブルスキルの獲得に費やしてほしいと心より願っているからである。

人生を拡張するための「人生24時間法」

人生三分割法とは別に、人生24時間法という考え方がある。これはここまで示した「仕事を減らす」ためのものではなく、あなたの「人生を拡張する」ためのものだ。

たとえ「仕事を減らす」ことができなかったとしても、1日のうちの10分、20分の切れ端の時間を生み出すことは、誰でもできるだろう。この切れ端の時間を使うことを10年、20年と継続すれば「人生を拡張する」ことができる。

この方法は私が考えたものではない。

還暦を過ぎてからバレエを始めた糸川英夫（以後、糸川さんと呼ぶ）という人が考えた方法だ。糸川さんは62歳のときにクラシックバレエを始め、1975年10月22日には東京の帝国劇場で行われた貝谷バレエ団定期公演『ロメオとジュリエット』に、モンタギュー伯爵として出演した。

バレエ学校に入学するのは、たいてい5歳か6歳の女の子で、男の子は少ない。まして、60歳をすぎた男は前代未聞だったという。にもかかわらず糸川さんは貝谷八百子氏のバレエ学校に入学した。

バレエの教室には高いバーと低いバーがある。下肢の柔軟性が低かった糸川さんは、最初は低いバーに足を上げることから始め、最終的には高いバーに足を上げて、スライドさせて１８０度足が開くようになることを目標とした。

62歳の糸川さんが考えたのは、タンスのいちばん下の引き出しに、読み終えた新聞を積み重ねる方法だ。そこに足を置いて毎日、新聞紙１日分だけ足を上げていくことで少しずつ関節をやわらかくしていった。こうして1年3か月ほどすると新聞の山が耳の位置になり、完全に足が上がるようになっていたという。

新聞紙を毎日積み重ねるように、日々の小さな積み重ねにより誰でも新しい分野の知識やスキルを身につけることが可能になるのが「人生24時間法」だ。この方法は次の4つのステップを必要とする。

ステップ1

自分の能力より、誰に何を要求されているかを考える

ある大手メーカーの新入社員の研修レポートでは、物事を自分の専攻学科の立場からしか考えていないものばかりだったという。さらに大学を出て10年以上の社員でも、この傾向が見られた。

このように自分の得意分野に寄りかかって生きていると、行動や思考に見えない枠ができてしまう。逆に、苦手な分野だからこそ受け入れるぐらいの姿勢があると、自分にない能力でも人並みになろうと努力するため、持久力、耐久力が養える。

「人生24時間法」のステップ１は、自分のもつ能力にこだわらず、自分は誰に何を要求されているかを考えることだ。

ステップ2
目標までの最短距離を一定の割合で上がっていける方法を設計

最初はやれるところから始め、新聞紙を毎日積み上げる。新しい専門分野を学ぶとき、最初は中学生向けの教科書から始めるように、まずは簡単に１歩を踏み出せるようにすることが重要だ。

そして不可能を可能にする方法は、階段の設計方法にある。やるべきことをステップに分解し、できそうなところから上げていく。「人生24時間法」のステップ２は目標までを一定の割合で上がっていけるような方法を設計することだ。

ステップ3

他人を巻き込む

ものを習うにしても何にしても始めるだけなら簡単だ。

本当に難しいのは継続することだ。

体調を崩す、急に仕事が忙しくなるなど、続けられなくなる理由はいくらでもある。これを防ぐ方法として、後には引けない状況をつくり、前進するほかない環境に自分を置くことが効果的だ。

たとえば友人や知人に声をかけ、発表の場（勉強会、発表会など）をつくり、そこで成果を一定間隔で発表するようにするなど、他人を巻き込んで発表の場をシステム化してしまおう。

ステップ4
拍手のスポンサーを1人用意する

最後のステップ4では、1人でもかまわないから、心から頑張れと励まし応援してくれる拍手のスポンサーを用意しておくことだ。つまり階段をある程度上がったときに褒めてくれる人がいれば、継続できる。

糸川さんはステップ1からステップ4の方法を実践することでバレエを習得した。組織工学研究所（糸川さんの研究所）の人にも、家族にも言わず、バレエ学校に黙々と通った。自分の研究室で毎日レオタードを洗濯し、人目につかないところに干したという。

アメリカの行動学者であるB・F・スキナーは「天才とは、階段を上がるところを人目から隠した人」と言っている。逆に、階段をコツコツと少しずつ上がるところを見せると努力家と言われる。

能力というものは、親からもらうものでもないし学校からもらうものでもない。自分で開発するものだと、糸川さんは言う。

階段を一段上がるか上がらないかで人生の景色が変わる

階段を上がるか上がらないか、階段の下で立っているか、毎日一段ずつ上がっていくかで、10年たったら自分のステージがまったく違ってくる。

一日10分でも20分でもいいから、決められた段数の階段を上がる。それが続けられれば、あなたは「人生を拡張する」ことができるのである。

私が実践した「人生24時間法」も紹介しておこう。私は20代のときに「Creative Organized Technology」（創造性組織工学）を学ぶ研究会で糸川さんに出会った。以

図13 「人生三分割法」と「人生24時間法」

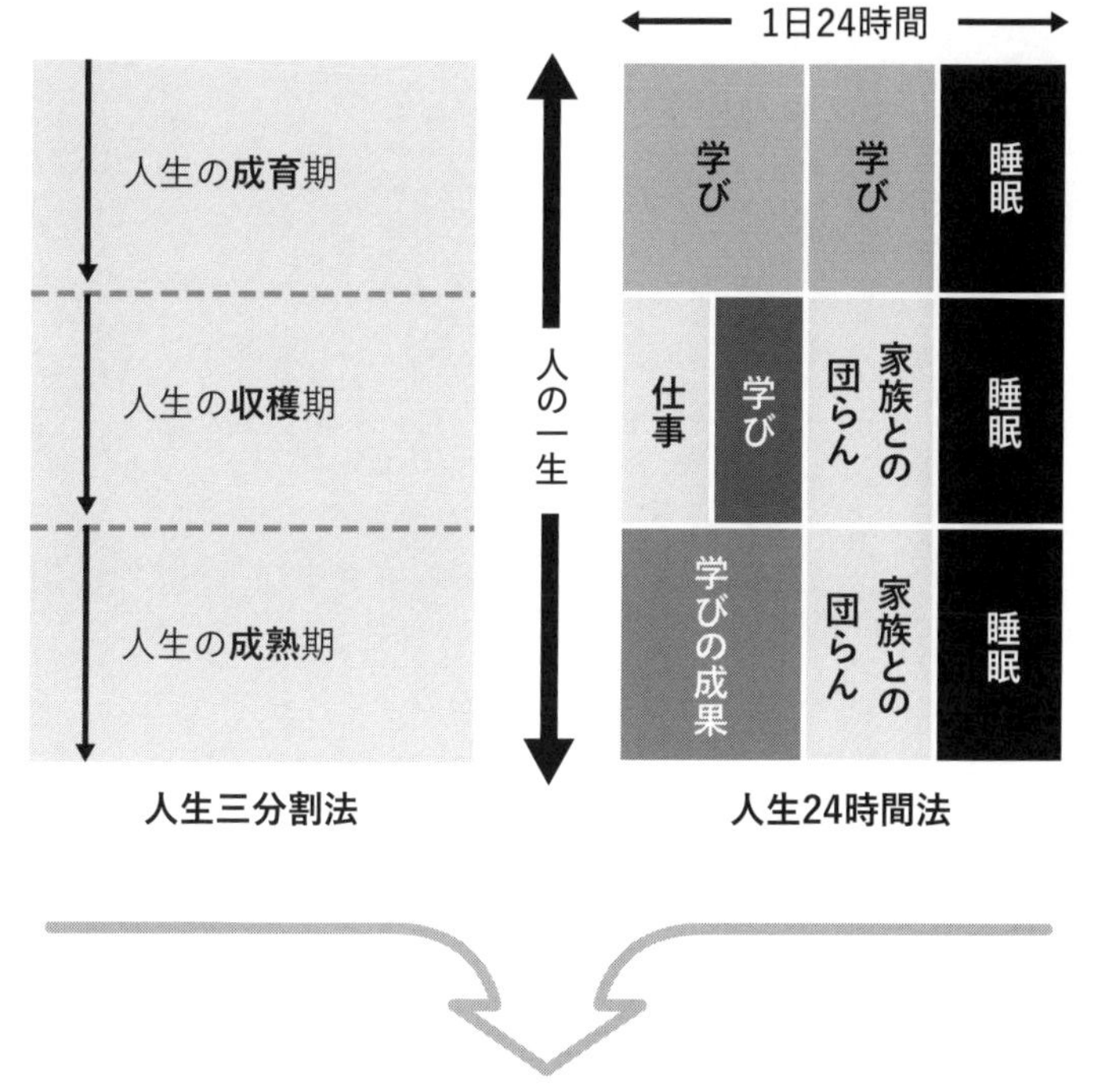

- 人生三分割法は、人生の収穫期にあまりにも時間がない
- 人生24時間法での学びは、未来の自分への投資

後、この研究会が閉鎖されるまでの10年間学び続けた。23歳のときに創業したＩＴ企業を経営している最中のことなので、本業はベンチャー企業の経営で、月に一度開催される研究会に参加していたということになる。

「人生24時間法」で表現すると、月に1回、たった半日ぐらいを「Creative Organized Technology」を学ぶ時間にしていただけのことだ。しかし、その後の私の人生で「Creative Organized Technology」というポータブルスキルは大いに役立った。

イスラエルとビジネスを行うときも、デジタルマーケティングの仕事を行うときも、グローバルリスクマネジメントの仕事を行うときも、あらゆる仕事で想像以上の働きをしてくれた。人生変容（Life Transformation）とも言えるほどの商売替えも軽くこなしてくれるのが、このポータブルスキルだ。

あなたの時間を、本業の収入にプラスするための副業に使うのもいいだろう。しかし、もっといい使い方は、「仕事を減らす」ことでできた時間を、未来のあなたのために投資する使い方だ。

その投資のリターンは、ときに30年以上かかる場合もあるかもしれない。

しかし私は10年、20年、30年と時間がかかってもいいと思う。なぜなら、創造的に生きるプロセスこそが真の人生なのだから。

人は忙しさのなかに身を置いてしまうと「好機」を逃してしまう。マイナスはそれだけではない。手のひらに載せて持ち運べるポータブルスキルを獲得できなくなってしまう。それがない人生をイメージしてみてほしい。

本章では「仕事を減らす」方法ではなく、人生を拡張するための「人生24時間法」を提案した。なぜなら「仕事を減らす」ことで、ほんの少しでも切れ端時間ができれば、人に与えることができるポータブルスキルを獲得できるからだ。

Coffee Break

「流動性知能」と「結晶性知能」

心理学では、知能を「流動性知能」と「結晶性知能」の2つに分類するという考え方がある。

「流動性知能」とは、論理的に考える、計算する、関係を把握する、抽象化するなど、初めて見た問題を解決したり、ひらめきを利用したり、新しいものを創造したりする知能だ。この能力は「頭の回転の速さ」「地頭のよさ」などその人本来の知的能力を指す。この能力は18～25歳ごろを頂点に落ちていく。

「結晶性知能」とは、個人の知識、経験、学習などから獲得していく能力だ。この能力は、言語能力、判断力、理解力、問題解決能力、洞察力、創造力などが含まれる。知識がある人のほうが問題解決や創造のときもパフォーマンスが高いのは、この「結晶性知能」があるからだ。

「結晶性知能」は、60歳ごろまで徐々に上昇し、70歳、80歳になればなだらかに低下するものの、そのレベルは20代に近い能力が維持されるという。つまり、高齢になっても何かを学び習得することが充分可能であることを示している。

私の場合、20代から10年間、「Creative Organized Technology」を「流動性知能」として身につけた。「結晶性知能」は、仕事を10年ごとに変化させることで知識が経験となり、イスラエルでのビジネス、マーケティング、グローバルビジネス、日々の読書などで蓄積されることになった。

ここで大切なことは3つある。

一つは、なるべく早い段階で「何を学ぶか」に時間を費やすだけでなく「どのように学ぶか」を体得すること。

もう一つは、知識や経験を蓄積させることを一生の習慣として身につけること。たとえ生成AIがあったとしてもだ。

最後の一つは、あなたと違う年齢、違う性別、違う学校、違う職業、違う趣味、違う国籍のさまざまな人とつき合うことだ。なぜなら、多様性は学びを推進する原動力になるからだ。

おわりに

「引いて考える」「組み合わせ」「試す」。この成功者や頭のいい人が自然にしている思考を3ステップで実践すれば、ほかの誰もが思いつかないような「仕事を減らす」方法を見つけられるようになる。なおかつ知識やノウハウがコモディティ化するＡＩ時代に「創造性」という強力な武器が身につく。

おそらく「引いて考える」だけでも、使いこなせばビジネスパーソンとして抜きん出た存在になれるだろう。

本書で紹介した知識の「組み合わせ」だけではなく、人の「組み合わせ」も創造性の源になる。「Creative Organized Technology」では、個人としてではなく、組織で創造性を生み出す方法を「ペアシステム」と呼んでいる。

「ペアシステム」とは、２人がともに仕事をすることを指す。その２人は、お互いの専門が違うかウマが合うことが条件だ。専門が違ってウマが合えば最高の「組み合わせ」だ。年齢は関係ない。この「ペアシステム」には2つの深い意味がある。

一つは、異質性が創造性を生み出すということだ。

たとえば2人でキャッチボールをしていて、外れたボールが来たとしても体を伸ばしたり縮めたりして受け取る。これによって体は普段使う以上の範囲で動き、筋肉の可動域も広がる。この可動範囲の伸長を脳に応用したのが「ペアシステム」だ。

過去の経験からの常識的な思考の範囲内で考えていると、行き詰まってしまうことが多々ある。しかし「ペアシステム」で思考のキャッチボールをすると、お互いの異質性が高いと思考の領域が拡張され、創造性が生まれる可能性も高まるのだ。

もう一つは、仕事の連続性だ。一般的に日本人は同質なもので集まる傾向にある。SNSでも、同じ話題に対し同じ意見が集まり、同調圧力が渦巻く集団ができる光景をよく見かける。日本のグローバル企業でも、日本人のムラ社会にある不文律の常識のようなものがわからない外国人が、疎外感を抱くのはそのせいだ。

そんなときに、異質なバックグラウンドをもつ外国人と日本人の「ペアシステム」にすると、異質性から創造性が生まれるだけでなく、仕事の連続性が保たれるという効果を生み出せる。

定期的なコミュニケーションを欠かさず実施すれば、ペアの相手が1週間や1か月仕事を離れたとしても、その人の仕事を引き受けることが可能になる。また、お互いの異なる文化への理解も深まり、組織に多様性が生まれる。

本書は、サンマーク出版第2編集部編集長の小元慎吾氏と私の「ペアシステム」の産物だ。私一人ではとても到達することができなかった地平に導いてくれたことに心から感謝している。同時に、グローバルなコンテンツビジネスというものを見たいという夢が広がった。

最後に、私が「仕事を減らす」ことで夢を広げたように、あなたが「仕事を減らす」ことで得た時間を有効にお使いください。

参考文献

長谷川英祐『働かないアリに意義がある』（ヤマケイ文庫、2021年）
高岡浩三『高岡浩三イノベーション道場』（NewsPick、NewSchool）
成毛眞『39歳からのシン教養』（PHP研究所、2022年）
ジェームス・W・ヤング『アイデアのつくり方』（CCCメディアハウス、1988年）
稲垣栄洋『弱者の戦略』（新潮社、2014年）
的川泰宣『逆転の翼』（新日本出版社、2005年）
林紀幸他『昭和のロケット屋さん』（エクスナレッジ、2007年）
エリック・リース『リーンスタートアップ』（日経BP、2012年）
石田章洋『企画は、ひと言。』（日経ビジネス人文庫、2020年）
浅田すぐる『トヨタで学んだ「紙1枚！」にまとめる技術』（サンマーク出版、2015年）
聖書協会共同訳『聖書』引照・注付き（日本聖書協会、2018年）
小林英幸『原価企画とトヨタのエンジニアたち』（中央経済社、2017年）
北川尚人『トヨタ チーフエンジニアの仕事』（講談社＋α文庫、2020年）
藤井薫『人事ガチャの秘密』（中公新書ラクレ、2023年）
糸川英夫『「独創力」で日本を救え！』（PHP研究所、1990年）
ピーター・シュワルツ『シナリオ・プランニングの技法』（東洋経済新報社、2000年）
糸川英夫『逆転の発想』（ダイヤモンド・タイム社、1974年）
鈴村尚久『トヨタ生産方式の逆襲』（文春新書、2015年）
内田樹『寝ながら学べる構造主義』（文春新書、2002年）
大野耐一『トヨタ生産方式』（ダイヤモンド社、1978年）
糸川英夫『糸川英夫の「人生に消しゴムはいらない」』（中経出版、1995年）
糸川英夫『独創力』（光文社文庫、1984年）
カーヤ・ノーデンゲン『「人間とは何か」はすべて脳が教えてくれる』（誠文堂新光社、2020年）
糸川英夫『糸川英夫の創造性組織工学講座』（プレジデント社、1993年）

【著者】

田中猪夫（たなか・いのお）

1959年、岐阜県生まれ。故・糸川英夫博士の主催する「組織工学研究会」が閉鎖されるまでの10年間を支えた事務局員。Creative Organized Technology を専門とする。

大学をドロップ・アウトし、20代に、当時トップシェアのパソコンデータベースによるIT企業を起業。30代には、イノベーションの宝庫であるイスラエルのテクノロジーの日本へのマーケット・エントリーに尽力。日本のVC初のイスラエル投資を成功させる。40代には、当時世界トップクラスのデジタルマーケティングツールベンダーのカントリーマネージャーを10年続ける。

そして、50代にはグローバルビジネスにおけるリスクマネジメント業界に転身。

ほぼ10年ごとに、まったく異質な仕事にたずさわることで、ビジネスにおける Creative Organized Technology の実践フィールドを拡張し続けている。

Creative Organized Technology 研究会

https://note.com/inootanaka/

仕事を減らす

2023年10月20日　初版印刷
2023年10月30日　初版発行

著　者　田中猪夫
発行人　黒川精一
発行所　株式会社サンマーク出版
〒169－0074 東京都新宿区北新宿2－21－1
電　話　03（5348）7800
印　刷　共同印刷株式会社
製　本　株式会社村上製本所

ISBN978-4-7631-4078-4　C0030
ホームページ　https://www.sunmark.co.jp